LA MANUFACTURE

DE

TAPIS D'ABBEVILLE

DE SON ORIGINE A CE JOUR

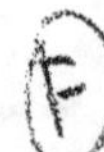

PARIS, A. BOIN, 231, RUE CHAMPIONNET. — 1893

LA MANUFACTURE

DE

TAPIS D'ABBEVILLE

DE SON ORIGINE A CE JOUR

PAR

Louis GREUX

PARIS
A. BOIN, IMPRIMEUR-ÉDITEUR
231, RUE CHAMPIONNET, 231
—
1893

BIBLIOTHÈQUE NATIONALE
R.F.
IMPRIMÉS

LA MANUFACTURE

DE

TAPIS D'ABBEVILLE

DE SON ORIGINE A CE JOUR

I

Les archéologues doivent éprouver d'intimes jouissances en examinant nos anciennes tapisseries.

Tous les chercheurs, tous les savants qui veulent reconstituer l'histoire, évoquer les antiques souvenirs, peuvent retrouver sur ces étoffes, la trace des événements passés, le tableau charmant d'intérêt de la vie intime, la reproduction des apparitions légendaires stimulant en l'âme ardente des croyants la foi des premiers âges, le sacré et le profane, tout ce que l'on a imaginé, tout ce qui a vécu.

Les traces premières de l'art de tisser les tapis se rencontrent bien loin de nous.

Homère nous rappelle la fameuse tapisserie de Pénélope, à laquelle cette reine semblait travailler le jour avec ardeur, mais qui n'avançait guère, puisqu'elle la défaisait la nuit; stratagème ingénieux lui permettant de résister aux sollicitations de ceux qui prétendaient à sa main pendant l'absence d'Ulysse.

Cette tapisserie destinée à servir de voile mortuaire pour couvrir le bûcher de Laërte, était dressée sur un métier dont un vase grec nous a révélé la forme.

On cite le chapitre XXXVI de la Genèse où Moïse défendait le mélange du lin et de la laine. On nous apprend que les plus habiles tisseurs composèrent dix tapis destinés à entourer le tabernacle.

L'art de confectionner les tapis, remonte donc à une époque très reculée; les Hébreux, dit M. Edouard Charton, l'attribuaient à Noëma, fille de Noé; les poëtes et quelques philosophes tels que Aristote et Pline, à une fille d'Apollon nommée Pamphile.

Au siège de Troie, les guerriers grecs délibéraient assis sur des tapis de pourpre.

La luxueuse Babylone tendait ses murs avec de somptueuses étoffes, que Néron se donna le plaisir d'acheter deux cents ans après qu'elles avaient été vendues à la République.

Aristote, en parlant de la ville de Sybaris, bâtie dans l'Italie méridionale, sur les bords du Crathis, dit que l'on fit pour Alcysthème, une pièce d'étoffe si magnifique, qu'on la jugea digne d'être exposée dans la fête de Junon Lucinienne où elle excita la plus grande admiration.

Ce chef-d'œuvre passa dans les mains de Denys l'Ancien, qui le vendit 120 talents *(660,000 francs de notre monnaie)*, aux Carthaginois.

La pièce était de couleur pourpre, formant un carré d'environ quinze coudées *(8 mètres)*.

Les Carthaginois, très habiles tisserands, l'achetèrent sans doute comme modèle.

D'après les peintures de l'hypogée de Beni-Hassan-el-

Gadin, on sait que les Égyptiens, trois mille ans avant notre ère, se servaient d'un métier dont les organes essentiels, dit M. Gersparch, étaient semblables à ceux des Gobelins.

Ce métier est, à peu de choses près, celui dont, actuellement, se servent encore les femmes indigènes dans le Sud Algérien.

L'art de broder les tissus, vient d'Orient sans aucun doute, et c'est avec les dépouilles de l'Asie, que le goût des riches tentures, des étoffes superbes s'implanta dans Rome.

Mais si les Phrygiens ont découvert le moyen de joindre les fils d'or aux broderies ; si Alexandrie a trouvé un procédé pour tisser les brocards à plusieurs lisses ; si les Gaulois tissaient des étoffes à carreaux ou à losanges, avec des métiers à lisses, exécutant avec la main des changements de couleur ; la découverte de la fabrication à plusieurs couleurs au moyen de lisses, revient à ce que l'on assure aux Égyptiens.

Certains tapissiers, sans acquérir une brillante renommée dans la fabrication, ont, tout en exerçant leur profession, pu se créer une réputation véritablement durable et qui ne peut s'éteindre.

Renan, dans son livre des *Apôtres,* nous cite un ouvrier dont le nom a eu un très grand retentissement dans le monde catholique, c'est l'apôtre saint Paul, qui pendant ses missions, exerçait le métier de tapissier ou de tisserand des toiles de Cilicie.

Son père le destinait à être *rabbi*, mais suivant l'usage, il lui avait fait apprendre un état.

Avec l'art de tisser les tapis, nous l'avons exprimé, on retrouve dans les produits conservés, la reconstitution de faits historiques, de fastes militaires, l'empreinte d'une civilisation disparue.

Des tapisseries provenant de Sahkarah, de Fayoum et d'Ahhmin, servaient de parures et de vêtements. On en découvre même dans les tombeaux; puis on en voit représenter des paysages, des animaux; on rivalise avec la peinture par la combinaison de la chaîne et de la trame.

Au moyen âge les tapisseries divisent les grandes chambres en alcôves, décorent les murs des villes les jours de cérémonies par leur étalage splendide.

On devait les considérer comme choses précieuses, puisqu'en 1376, pour racheter les captifs faits par Bajazet, on proposa d'envoyer au Sultan, des tapisseries à personnages que l'on ne savait faire qu'à Arras, d'où est resté le nom de *Arazi* aux splendides spécimens conservés dans les galeries du Vatican.

En 1389, Jean de Croizettes, tapissier d'Arras, avait déjà vendu au duc de Touraine, un tapis sarrazinois à or, pour embellir l'hôtel de beauté, et en 1396, le duc d'Orléans y commandait une chambre de tapisserie de soie de plusieurs couleurs.

Bien que pendant le moyen âge l'usage des tapisseries comme tentures fût assez répandu en France, le développement de cette industrie était loin de se produire avec l'activité que l'on rencontrait en Flandre, où le perfectionnement des métiers, le choix étudié de la matière première, les progrès réalisés dans l'art de la peinture, donnaient aux tapissiers, des avantages remarquables pour leur fabrication.

Parmi les peintres flamands, il en est un, nommé Jean, cité par Vesari, qui excellait à reproduire, d'après nature, les fruits, les feuillages et les fleurs.

Il enseigna ce qu'il savait au grand peintre Raphaël qui, avec son talent merveilleux, parvint à dépasser son collaborateur.

Raphaël envoya à Bruxelles, Van Orlay et Michel Coxius, de Malines, ses élèves, très habiles artistes, pour diriger l'exécution de onze tapisseries qui arrivèrent à Rome le 21 avril 1518.

Ce travail magnifique, rendant, dit Vesari, avec de simples fils, tous les détails des cheveux, de la barbe, toute la souplesse des chairs, etc., semble l'effet d'un art surnaturel plutôt que de l'industrie humaine.

Ces tapisseries furent malheureusement volées par les Allemands qui pillèrent Rome en 1527; puis transportées à Lyon, achetées par Anne de Montmorency qui les fit réparer, elles furent vendues au pape Jules III.

Continuant à subir des mésaventures, ces tapisseries volées de nouveau en 1789, passèrent entre les mains de juifs qui se les approprièrent, ils en brûlèrent une partie pour en tirer l'or qu'elles contenaient, et vendirent le reste à des marchands de Gênes.

La réputation de la fabrication flamande des tapis étant partout si grandement répandue, on comprend facilement comment Colbert, le grand ministre, si désireux de développer les ressources de notre industrie nationale, eut l'idée de favoriser en France l'établissement de fabriques de tapisseries flamandes.

Quand les fabricants flamands prirent place chez nous, dans notre pays, depuis longtemps, la France se livrait à la fabrication des tapis, les chevaliers de Charlemagne dit la *Chanson de Roland,* « sont assis sur des tapis blancs ; ils jouent aux tables pour se divertir. »

M. Ad. Blaise, en publiant un article dans l'*Encyclopédie du Commerçant,* nous apprend que, dès Charles-Martel, la fabrique d'Aubusson existait, non pas aussi importante qu'elle l'est aujourd'hui, mais déjà florissante.

Du cinquième au huitième siècle, on remarque que les métiers utiles furent favorisés et pratiqués dans les monastères qui fabriquaient des étoffes de lin et de laine; les premiers ouvriers tapissiers dont on a signalé l'existence étaient dirigés par des moines.

Nos premières basiliques et les habitations des Mérovingiens n'avaient pour parure que des objets de valeur venant de l'étranger, et leurs tentures, les tapisseries dont ils se servaient, ne pouvaient avoir qu'une origine orientale. Mais, vers le neuvième siècle, saint Angelme de Norwège, évêque d'Auxerre, faisait exécuter un grand nombre de tapisseries pour orner son église.

Un peu plus tard, vers 985, des tapisseries sont fabriquées par les religieux dans l'abbaye de Saint-Florent de Saumur. Mathieu de Loudun, abbé de ce monastère, y fit exécuter, pour son église, différentes pièces devant servir à l'ornementation du chœur.

Sur l'une, on représenta les vingt-quatre vieillards de l'Apocalypse.

En l'an 1025, Poitiers, Troyes, Reims, — Arras, qui s'était distinguée parmi les villes de la Gaule par la perfection de ses tissus de laine, — et Saint-Quentin fabriquaient des tapisseries hautes lisses.

Plus tard encore, en 1060, l'abbé Gervin, abbé de Saint-Riquier, voulant utiliser les revenus du monastère dans le but de rendre plus imposantes les cérémonies solennelles, achetait des tentures et faisait exécuter des tapis magnifiques à Poitiers.

En 1147, le pape Eugène III, l'ancien disciple de saint Bernard, venant visiter Sainte-Geneviève du Mont, les chanoines lui préparèrent un riche tapis de soie, que le roi Louis VII s'était accordé le plaisir de lui envoyer pour mettre au lieu où il devait faire son oraison ; attention délicate qui plut beaucoup à Sa Sainteté, mais qui entraîna des conséquences désagréables,

L'oraison faite, le pape entra dans la sacristie, et, pendant qu'il se vêtait pour dire la messe, ses domestiques voulurent prendre le tapis, prétendant que, d'après la coutume, il leur appartenait.

Le tapis avait sans doute une grande valeur, et les chanoines désiraient le garder, puisqu'il était en leur église. Une querelle s'en suivit, si violente, que l'on en vint aux coups de poing, et que le Roi intervenant pour apaiser le tumulte reçut quelques horions des serviteurs des chanoines; le tapis fut mis en pièces.

Sa Sainteté châtia dignement ces insolences, en chassant les chanoines dont les mœurs, du reste, laissaient à désirer. A cette occasion, le prieur de Saint-Pierre d'Abbeville et huit religieux de Saint-Martin furent désignés pour les remplacer à l'église de Sainte-Geneviève... grâce à un tapis qui servit à faire accomplir un acte de justice.

Les velours auxquels on a donné le nom de velours d'Utrecht, parceque l'on a dit qu'un ouvrier né dans cette ville les avait importés en France, étaient connus chez nous, bien avant que le nom d'Utrecht leur ait été accordé.

« Les velours de laine sont aussi anciens que ceux de soie, dit M. H. Mourceau, on en faisait en Picardie au treizième siècle. Nous trouvons qu'en 1281, à Abbeville, il est fait mention de deux rues appelées, rue aux Pareurs et rue des Teinturiers, dans lesquelles habitaient des maîtres qui fabriquaient des étoffes connues sous le nom de serge, bouracan, grenadine, espagnolette, kalmouch, velours, etc. »

Sous Louis XI, *la bonne paix et union que faicte estoit entre le Roy et Henry d'Angleterre* entraîna des processions. La reine d'Angleterre vint à Paris et, par toutes les rues où elle passa, *auoit de moult belles tapisseries et tentes au long des dictes rues,* depuis la porte Saint-Jacques jusqu'au Palais.

Quand, sous ce même règne, les ambassadeurs flamands vinrent à Paris à l'occasion du mariage du Dauphin avec Marguerite d'Autriche comtesse de Flandre, en réjouissance de la paix, le cardinal de Bourbon fit faire dans son hôtel, *moult belle moralité.... et eussent les choses des susdites été plus triomphantes; si n'eust été le temps, qui moult fut plouuieux et mal aduenant; pour la belle tapisserie et le grand appareil fait en la cour du dit hostel.*

Au moyen âge, la plupart des tapis fabriqués en France étaient connus sous le nom de *tapis sarrazinois, tapis nostrez, tapis velutz, tapis de Turquie.*

Les modèles arrivés d'Orient servirent à éveiller le goût des riches étoffes, et on donna généralement le nom d'œuvre *des Sarrazins* à tout ce qui avait un cachet oriental ou arabe.

Un des plus curieux spécimens de tapisserie est attribuée à la reine Mathilde, femme de Guillaume-le-Conquérant, c'est la fameuse tapisserie dite de Bayeux, sur laquelle les principaux épisodes guerriers auxquels ont pris part les Normands, lors de l'invasion de la conquête de l'Angleterre, sont brodés en laine.

Cette frise en broderie est longue de 214 pieds et haute de 18 pouces. De temps immémorial, elle était exposée à certains jours de l'année dans la cathédrale de Bayeux.

Pierre Dupont, qui, paraît-il, a introduit en France la fabrication des tapis de Turquie, dit dans son livre, *la Stromatourgie,* qu'il est à présumer qu'après la défaite des Sarrazins en 726 par Charles-Martel, quelques fuyards, échappés au désastre, s'habituèrent en France, pour gagner leur vie, à faire et à établir des manufactures de tapis, qui précédaient celle des tapis de haute lisse.

Cette origine de la fabrication sarrazinoise en France attribuée aux Maures, ne repose, dit-on, sur aucune preuve sérieuse.

Quoi qu'il en soit, le nom était resté, et l'on trouve sous le règne de Louis IX que les tapissiers de Paris dits sarrazinois, figurent sur le *Livre des Métiers* qu'Etienne Boyleaux avait établi pour réglementer les marchands et artisans de différents corps.

On y voit une requête rédigée vers 1260, dans laquelle ils demandent à être dispensés du guet, *se il plesoit à l'excellence de la débonaireté du Roy.*

François Ier établit une manufacture de tapis à Fontainebleau, qui devint le trésor des cabinets de curiosité du Roi, à ce que disent les Archives nationales.

Il y réunit quelques tapissiers de haute lisse, probablement Italiens et Flamands, et les mit sous la direction de Philibert Babon de la Bourdaizière. Il achetait des tapisseries de Flandre d'un grand prix qu'il envoyait à l'établissement ; l'exécution des modèles était réservée à des peintres renommés.

Quinze maîtres tapissiers obéissaient aux ordres du tapissier royal Salomon de Berbaines. Le roi protégeait les arts, installait des ateliers et logeait des artistes dans son château.

Sous Henri II, cet établissement fut soumis à la direction de Philibert Delorme. On dédoubla l'atelier pour en fonder un à Paris dans l'hôpital de la Trinité, ouvert pour apprendre des métiers aux enfants pauvres.

Henri IV n'étant que roi de Navarre, avait déjà fait venir des tapissiers d'Anvers pour fonder une petite fabrique ; quand il fut roi de France, *pour oster l'oysiveté de parmi ses peuples, pour embellir et enrichir son royaume,* il fit recruter dans les Flandres une nouvelle colonie de tapissiers de haute lisse.

On les installa dans de vieux bâtiments du palais des Tournelles où le roi courait avec joie d'atelier en atelier, se plaisant au milieu des ouvriers.

Henri IV dépensait beaucoup pour l'acquisition de riches étoffes et de tapisseries, cela mettait de fort mauvaise humeur Sully, prêchant toujours l'économie, mais les ouvriers purent un jour garnir les palais royaux de leurs œuvres.

Pendant les désordres causés par la guerre, bien des établissements avaient été négligés, des travaux interrompus, tout était en souffrance.

Sous Louis XIII, le prix des tapisseries fort recherchées alors, s'éleva beaucoup en France et au dehors, puis plusieurs fabriques occupées par des ouvriers protestants se transportèrent derrière nos frontières. Fontainebleau, négligé sans doute, s'effaça du souvenir.

Des fabricants pourtant cherchaient persévéramment à se maintenir et à s'assurer des avantages ; Pierre Dupont et Simon Lourdet désirant profiter des privilèges dont jouissaient les sieurs de Comman et la Planche,

Flamands, travaillant en tapisserie de basse lisse, aux Gobelins du faubourg Saint-Marcel, réclamèrent au Roi.

Par arrêt pris en son Conseil d'État le 17 avril 1627, Louis XIII accorda au dit Pierre Dupont et à Simon Lourdet, la fabrique et manufacture de toutes sortes de tapis, autres ameublements et ouvrages du Levant, tant en or, argent, soye, fleuret, que laine, pour dix-huit années et pendant ce temps aucun ne pouvait dresser des métiers de ladite manufacture en quelque lieu que ce soit du royaume, sans leur permission, à peine de confiscation, etc., etc.

Inspiré par le puissant génie d'organisation de Colbert, Louis XIV contribua très largement à faire renaître l'industrie des tapisseries.

Il réveilla l'activité dans les fabriques de la Marche, dans la manufacture de Beauvais, et par un édit de 1667, on vit sa sollicitude se porter sur la manufacture de tapisseries qu'il établit dans l'hôtel des Gobelins.

Il ordonna que l'on écrirait sur le marbre, au dessus de ses armes : *Manufacture royale des meubles de la Couronne*, et il confia la direction de cet établissement au peintre Le Brun.

On y fit des tentures rehaussées d'or, sur lesquelles figuraient des entrevues du Roi, le mariage de Louis XIV, son sacre, la prise de plusieurs villes, etc., la manufacture fut dès le début de son installation une espèce d'école des beaux-arts appliquée à l'industrie.

Mignard, déjà usé par l'âge, succéda à Le Brun, l'établissement eût son heure de dépérissement ; au mois d'avril 1694 il fut fermé, mais en 1699, quand Jules Hardouin Mansard en prit la direction, l'activité du travail se développa, et on revit les belles tapisseries, les superbes tentures se fabriquer de nouveau avec succès.

Parmi les remarquables tapisseries de ce temps on peut en citer une dont Madame Carnot a su tirer partie dans un bal donné dernièrement à l'Élysée, voici comment en parle *le Figaro* du 24 février 1893 :

L'Elysée était merveilleusement décoré.

Dans le salon de l'hémicycle réservé au corps diplomatique, la fameuse tapisserie des Gobelins, *le Jugement de Paris*, avait été placée au dessus de massifs de fleurs. C'est cette tapisserie qui émut Madame de Maintenon par la nudité des trois déesses. Madame de Maintenon exigea certains raccords, d'ailleurs admirablement faits, et qui n'ont rien enlevé à la valeur artistique de la tapisserie.

Nous avons cru devoir provoquer par ce résumé historique, rapide, l'attention de nos lecteurs, en leur montrant l'influence considérable que dans tous les temps, la fabrication des tapis a exercé en développant les ressources de l'imagination et de l'activité humaines, dans l'épanouissement de la richesse publique qu'elle a souvent contribué à créer.

Des milliers de travailleurs, depuis des siècles, ont pu vivre, se donner le bien-être, grâce aux progrès merveilleux qui se sont produits dans cette industrie.

Parmi ces hommes laborieux, se sont rencontrés de grands et véritables artistes, beaucoup hélas ! inconnus de nous, mais dont les œuvres excitent encore l'admiration.

Ces simples observations expliqueront l'intérêt qui nous a porté à recueillir les documents nécessaires, pour indiquer et conserver la trace dans notre bonne ville d'Abbeville, des efforts tentés pour y créer et y maintenir une industrie contribuant depuis de longues années à assurer l'existence d'un grand nombre de nos compatriotes.

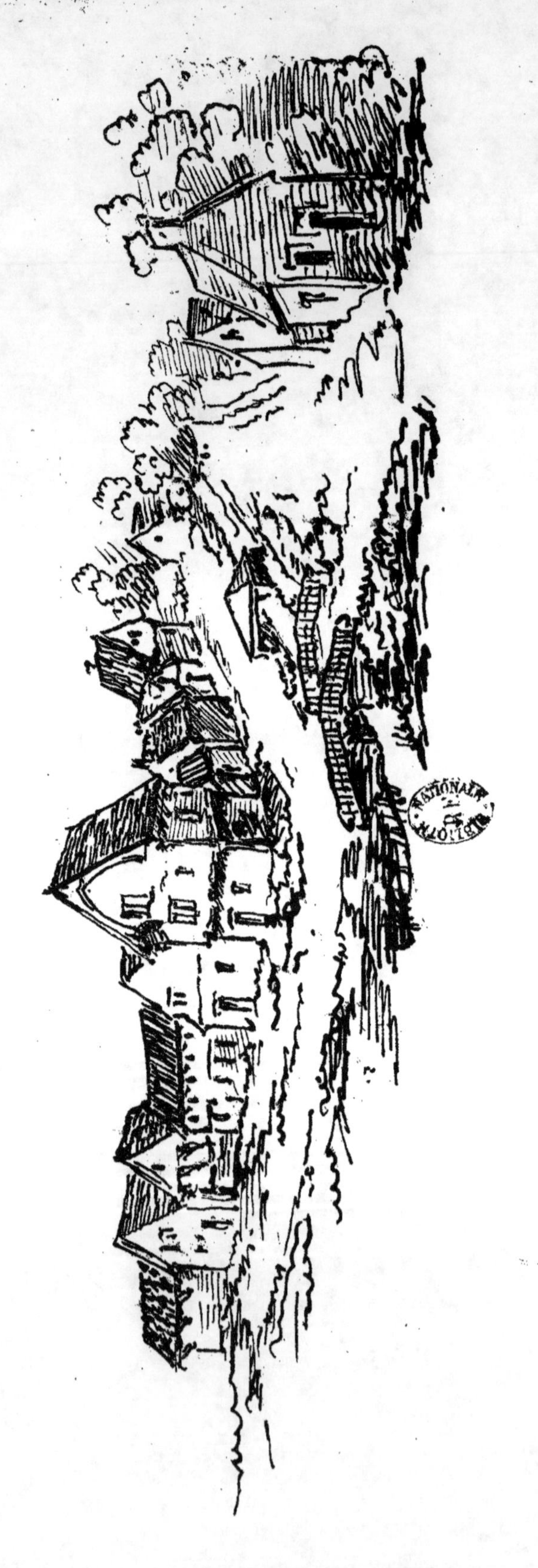

III

C'est à Colbert, à son intelligente initiative qu'Abbeville est redevable de la fabrication des Moquettes, et son nom doit être particulièrement cher aux Abbevillois, qu'il avait déjà spécialement favorisés, en créant la magnifique manufacture de draps des Van Robais qu'il fixa dans notre ville.

Ce grand ministre tenta encore de développer le travail et d'inspirer la fièvre salutaire du progrès dans nos diverses industries locales existantes, parmi lesquelles la fabrication des baracans, ainsi que l'établissent les statuts et règlements des manufactures d'Abbeville, homologuées au Conseil d'État le 30 octobre 1670, le Roi étant présent.

On peut donc s'étonner que le souvenir de Colbert ne soit pas mieux conservé dans la mémoire des habitants, à la prospérité desquels, par un pur et noble sentiment de patriotisme, il a si largement contribué.

On n'a point jusqu'ici, eu l'idée d'élever dans nos murs, une statue à ce grand homme. Aucune rue ne porte son nom, mais on peut voir son buste religieusement conservé dans la manufacture des Rames, ce qui est une consolation pour les habitants qui, ayant le sentiment de la reconnaissance, savent apprécier les services rendus.

Toutefois, la Chambre de Commerce d'Abbeville s'est honorée en faisant le 22 janvier 1858, un appel aux commerçants et aux industriels de la région, pour rendre hommage à la mémoire de Colbert, en souscrivant à l'érection d'une statue à Reims, voici comment la Chambre s'exprimait à ce sujet :

Depuis quelques années déjà, la vogue est aux érections de statues, pour immortaliser les différentes célébrités susceptibles d'honorer une contrée.

On a même été quelquefois un peu loin, dans l'entraînement, puisqu'on fait revivre, soit en bronze, soit en marbre, de simples notabilités; là commençait l'abus avec l'excès.

Mais aujourd'hui, c'est à l'une des grandes physionomies du grand siècle, c'est à l'un des plus grands ministres de Louis XIV, c'est à Colbert, qu'il s'agit de décerner cet honneur, en dressant auprès de son berceau, à Reims même, un monument splendide, au niveau des services qu'a rendus à la France cet admirable organisateur de notre commerce et de notre marine.

Jaloux de rendre tel hommage que de droit, au plus éminent de ses prédécesseurs, M. Rouher, aujourd'hui Ministre de l'Agriculture, du Commerce et des Travaux publics, fait un appel instant et itératif aux industriels et commerçants du pays, dont la reconnaissance n'hésitera pas certainement à payer à Colbert un tribut bien légitime.

Mais ce n'est pas seulement en participant aux bénéfices généraux de l'ordonnance de 1673, sur le commerce, et de l'ordonnance de 1681, sur la marine, qu'Abbeville se trouve en cause quand il est question de Colbert.

En effet, il n'est pas permis d'oublier que si, par ces deux actes mémorables de législation qui forment encore à l'heure qu'il est le fond de nos codes sur la matière, Colbert a bien mérité de tout le royaume, il s'est acquis des titres tout spéciaux à notre gratitude, lorsqu'en 1665, il a fondé la Manufacture des draps fins, qui des Van Robais, est arrivée successivement par les Grandin et les Lemaire jusqu'à M. Randoing, actuellement Maire d'Abbeville, lorsqu'en 1667, il a fondé la Manufacture des moquettes, qui de Philippe

Leclerc, concessionnaire primitif, est parvenue à travers les Homassel et les Hecquet jusqu'à M. J. Vayson.

Or les Rames et les Moquettes, personne ne l'ignore, ont judicieusement suppléé au privilège qui les a si longtemps favorisés dans leurs débuts, par le mérite des produits qui les recommandent partout et leur suffit aujourd'hui, nonobstant les développements nouveaux de leur fabrication.

Ce n'est donc pas seulement le génie qui a régularisé le commerce et la marine en France, ce n'est pas seulement le créateur de l'Académie des Sciences et de celle des Inscriptions qu'il s'agit de glorifier, au moyen d'une contribution spontanée ; *mais aussi le protecteur véritable, le bienfaiteur particulier d'Abbeville.*

C'est pourquoi, notre Chambre de Commerce, obéissant d'ailleurs à l'impulsion administrative, a ouvert une souscription pour le monument que la ville de Reims prépare au plus illustre de ses enfants.

Elle invite en conséquence MM. les commerçants et industriels de son ressort, à se présenter pour souscrire : soit chez M. le président de la Chambre de Commerce, rue des Lingers n° 59; soit chez M. le secrétaire de la Chambre de Commerce, rue de l'Hôtel de Ville n° 17, soit au greffe du Tribunal de Commerce, rue Saint-Gilles.

Le président de la Chambre de commerce,

Signé : A. Courbet-Poulard.

Colbert à qui nous devons tant, et, entre autres industries, la Fabrique des Moquettes dont nous nous occupons, a été apprécié comme il le méritait par notre Chambre de Commerce.

On ne faisaït point de tapis de moquettes en France, on ne tissait que les tapis haute lisse turcs ou persans, dont le facétieux Pierre Dupont prétendait être l'introducteur de 1588 à 1594, alors qu'il n'était âgé que de onze à dix-sept ans, ce qui pouvait le désigner à la postérité comme un enfant à l'intelligence excessivement précoce.

Mais, tout le monde n'accepte pas les prétentions

enfantines de Pierre Dupont, au sujet des tapis de haute lisse. Quant aux tapis moquettes, dont la fabrication n'existait pas en France, c'était une création nouvelle.

On pourrait se demander pourquoi Philippe Leclerc s'installa à Abbeville ?

La ville avait eu ses jours de splendeur : déjà, en 1340, son port était un des plus renommés de France ; en 1350, elle s'associait aux villes de la grande hanse pour le commerce, c'est-à-dire avec Hambourg, Lubeck, etc. ; elle était en relations avec l'Espagne, la Hollande, l'Angleterre, avec toute l'Europe maritime.

Abbeville fourmillait de fabriques d'étoffes, de teintureries, de corderies, de poteries, d'horlogeries, de toiles, etc. ; en 1610, elle avait quarante établissements de tannage, cent trente ateliers d'armes dont la réputation était très grande.

Sa renommée était bien établie dans le monde des affaires, en France et dans toute l'Europe, même sur les côtes d'Afrique où on se livrait à des échanges. Elle devait attirer l'attention vigilante d'un ministre dont le regard était si pénétrant quand il s'agissait des intérêts nationaux.

Quand, au mois de mars 1667, des lettres patentes furent accordées au profit de Philippe Leclerc, Flamand d'origine, pour l'établissement de la Manufacture des Moquettes, le choix de la ville d'Abbeville s'était presque imposé à cet étranger qui, cependant, avait eu la liberté de s'établir ailleurs.

Une manufacture dirigée par des Hollandais, était en pleine activité dans notre ville, celle des Rames : le travail des laines s'y acclimatait parfaitement ; une population ouvrière y était agglomérée.

Parmi ces travailleurs, on rencontrait des Flamands pratiquant la religion réformée ; les relations commerciales étaient largement établies avec les Flandres.

Toutes ces considérations devaient particulièrement

plaire à Philippe Leclerc, trouvant un point de contact avec des hommes partageant ses croyances religieuses, et l'attacher à la ville d'une manière durable. Aussi, s'y installa-t-il de son plein gré.

Philippe Leclerc, dit M. Louandre, obtint le privilège de vendre exclusivement des moquettes et des mocades, façon de Flandre, dans toute l'étendue du royaume, *à la réserve de la ville de la Rochelle et de quinze lieues autour d'icelle.*

Ce privilège, dont la durée était de vingt ans, lui permettait de teindre chez lui les fils de laine ou de lin qu'il emploierait dans sa fabrication ; défendait d'imiter pendant dix ans les dessins de ses tapis, sous peine de mille livres d'amende et de confiscation ; l'autorisait à les marquer d'un plomb aux armes de France avec ces mots : *Manufacture Royale* et son nom de l'autre ; l'exemptait, ainsi que sa veuve, ses enfants et ses associés, de logement de guerre, et le dispensait, en outre, de guet et de garde, de tutelle, curatelle ou autres charges, soit publiques, soit privées.

Comme il était « remonstré » au Roi que Philippe Leclerc *s'est rendu fort expert en la fabrique des moquettes, et que en feroit volontiers l'établissement à Meaux ou la Ferté-sous-Jouarre et autres lieux* le Roi étant à Saint-Germain-en-Laye, lui accorda cette autorisation au mois de mai 1667 pour vingt années, lui laissant la faculté de faire entrer dans le Royaume jusqu'à six milliers de beurre de Frise et six milliers de savon, pour une fois seulement, sans payer aucuns droits d'entrée, romaine et douane et autres.

Ce beurre était très utilement employé au peignage de la laine pour faire glisser les peignes. Le peignage se faisait alors à la main par des ouvriers appelés houppiers.

Philippe Leclerc, ainsi que nous le lisons dans le document que nous venons de citer, obtenait en même temps des lettres de naturalisation sans frais.

Gaspard Leclerc, fils de Philippe lui succéda. Il continua la fabrication jusqu'au 30 août 1682.

Des lettres patentes datées de cette époque, autorisèrent la *continuation* de ladite manufacture au profit de Pierre Morice, bourgeois de Rouen, pour le temps restant à expirer.

Puis, le 6 février 1686, Jacques de la Gueze, gendre de Pierre Morice père, Pierre Morice père et son fils, obtiennent de nouvelles lettres patentes à leur profit, non seulement pour le temps restant à expirer des vingt ans portés aux lettres patentes de mars 1667, mais encore pour vingt autres années.

Le 1er avril 1690, le ministre Louvois fit subroger par arrêt du Conseil d'Etat, Michel Mauvoisin et Jacques Homassel, sur leur requête au lieu et place de de Laguèze et de Morice fils, au privilège de la Manufacture, dont ces derniers faisaient l'abandon pour le reste des vingt années accordées jusqu'au mois de mars 1707.

Sur la requête du sieur Homassel, un nouvel arrêt du Conseil d'État intervint prorogeant et continuant les privilèges et exemptions contenues aux lettres patentes du 6 février 1686 pour vingt ans, à compter de l'expiration des vingt années portées auxdites lettres patentes, dans le but d'en laisser jouir le dit sieur Homassel, ses hoirs et ayant cause, avec défense de faire aucun trouble ni empêchement au dit Homassel, dans la jouissance de ses privilèges et exemptions pendant les vingt années.

Les privilèges et exemptions accordées par les lettres patentes aux sieurs de Laguèze et Morice au mois de février 1686, sont les mêmes que ceux cités par M. Louandre et accordés à Philippe Leclerc : ils se résument en ceci :

1° Dans le pouvoir de teindre chez eux leurs fils.

2° Dans les défenses à tous autres de s'immiscer dans la Fabrication des Moquettes dans tout le Royaume.

3° Dans l'exemption de toutes tailles, subsides et

autres impositions, pourvu qu'ils n'y aient été ci-devant imposés, ensemble de logement de guerre, guet, la garde de la ville tant de jour que de nuit, et de toutes autres charges publiques et personnelles, tant pour les dits de Laguèze et Morice que pour leurs ouvriers.

Au 18 septembre 1715, un acte d'association fut passé par-devant Me Desrobert, notaire à Abbeville, entre le sieur Homassel et le sieur Jacques Hecquet son gendre, pour moitié de la Manufacture.

Un arrêt du Conseil d'État, daté du 18 février 1716, pris à la requête des sieurs Homassel et Hecquet, confirma la dite société avec les mêmes privilèges et exemptions que celles contenues dans les lettres patentes de février 1686, et qui lui sont réservées par l'arrêt du Conseil du 4 octobre 1704.

Le 1er juillet 1786, une sentence de l'Hôtel de ville ordonne, sur la requête du sieur Hecquet, que les lettres patentes du 6 février 1686, les arrêts du Conseil du 1er avril 1690, 4 octobre 1704 et 18 février 1716, seront registrés au greffe de l'Hôtel de ville, pour jouir par le dit sieur Hecquet des droits, exemptions et privilèges attribués sur les lettres patentes et arrêts.

Au 12 mai 1718, par acte passé devant le sieur Desrobert, une association est faite par le sieur Jacques Homassel, de la personne de Jean-Baptiste Homassel, son neveu, *pour la moitié, et la moitié à lui; l'autre moitié appartenant au dit sieur Hecquet.*

Le 18 mai 1718, le sieur Homassel présente une requête à MM. les Mayeurs et Échevins, pour que cet acte soit enregistré, ce qui a lieu.

Le 16 janvier 1725, un arrêt du Conseil proroge le privilège de la Manufacture pour vingt ans, à commencer du mois de mars 1727, en faveur des sieurs Jacques Homassel et Hecquet, à condition qu'ils ne fassent pas d'autre commerce que celui de la dite Manufacture.

En 1735, M. Jacques Hecquet, petit-fils de M. Jacques Homassel, lui succéda.

M. Hecquet Jean-Pierre succéda à son père, et M. Hecquet d'Orval dirigea la Manufacture après lui.

C'est M. Hecquet d'Orval qui, en 1802, exposa pour la première fois, en même temps que M. Delahaye Pisson d'Amiens, ce que l'on appelait en 1700, *des velours ciselés,* dont les teintures sont belles et brillantes ; les principales couleurs sont le grenat, le cramoisi, le vert, le bleu, le jaune, le bois, le havane, le réséda, etc.

Peuchet, dans son Dictionnaire de la géographie commerçante (Édition de l'an VII) dit que les Manufactures royales de Moquettes de Hecquet et Homassel-Manessier étaient *les plus fortes et distinguées en ce genre ;* et que par une note fournie avant 1789, le nombre des personnes employées journellement pour les Moquettes, s'élevait à deux cent-onze ouvriers à la ville, et quatre cents fileuses à la campagne. La maison Hecquet se continua de père en fils, et nous la trouvons ainsi que nous l'avons dit plus haut, à l'Exposition de 1802 où elle obtint une médaille pour la fabrication des Moquettes, pannes et velours, elle a existé jusqu'en 1823.

La maison Vayson lui succéda en 1824, M. Pierre-Antoine Vayson mourut jeune en 1830.

Son frère, M. Joseph-Maximilien Vayson, réunit l'administration des affaires de leur vente a Paris et de la fabrication à Abbeville, où il tint une place considérable, dûe aux hautes facultés intellectuelles qui le distinguaient.

Il devint Maire d'Abbeville, député, membre du Conseil général des Manufactures etc., et il avait été décoré de la Légion d'honneur à la suite de l'Exposition de 1844.

En 1850, M. J. Vayson succéda à M. Joseph-Maximilien Vayson, et ainsi que lui, il sut mériter la confiance et la haute considération des commerçants Abbevillois et d'un très grand nombre d'habitants, qui, en lui accordant très volontiers leurs suffrages, savaient bien qu'il utiliserait dans l'intérêt public son intelligence pratique des affaires et son dévouement.

M. J. Vayson a siégé au Tribunal de Commerce, d'abord comme juge suppléant, puis comme juge, et devint président.

La durée de sa présidence fut exceptionnelle, et ses collègues décidèrent d'en rappeler le souvenir en faisant frapper une médaille en son honneur.

M. J. Vayson, pendant vingt ans fit partie de la Chambre de Commerce.

Il a été mêlé à toutes les questions économiques et industrielles qui ont été traitées dans ce laps de temps, et elles sont nombreuses, à en juger par les procès-verbaux publiés chaque année par la Chambre de Commerce.

Neuf fois de suite, pendant neuf ans, de 1875 à 1885, M. J. Vayson a été appelé par ses collègues à la présidence de la Chambre. C'est en cette qualité qu'il fut délégué plusieurs fois, soit auprès du Ministre, soit auprès du président de la République (1). Parmi les récompenses décernées à M. J. Vayson pour honorer le mérite éclatant de sa fabrication, nous devons mentionner diverses décorations étrangères (2) et la croix de la Légion d'honneur qui lui fut remise à la suite de l'Exposition universelle de Paris en 1878.

A cette occasion, les ouvriers de M. Vayson se réunirent et décidèrent de lui offrir les insignes de sa déco-

(1) Délégation de 61 Chambres de commerce pour protester contre la conclusion de nouveaux traités de commerce. — Demandes des travaux dans la baie de Somme, — enquêtes diverses sur la situation des ouvriers du commerce, de l'industrie, etc. — Congrès, questions de transports, écoles professionnelles, — musées communaux, etc., etc.

(2) Exposition Franco-Espagnole, décoration de Charles III, 1858. — Commandeur en 1886. — Exposition universelle de Porto, décoration du Christ de Portugal. — Exposition de Paris en 1867, décoration de Grégoire-le-Grand. — Exposition de Naples 1871, décoration de la couronne d'Italie. — Exposition Franco-Espagnole de 1882, commandeur de l'Ordre d'Isabelle. — Exposition universelle de 1878, décoration de la Légion d'honneur.

ration. Cette détermination donna lieu à une cérémonie à laquelle assistèrent non seulement tout le personnel de l'usine, mais diverses autorités, ainsi que le Président de la Chambre de Commerce d'Amiens, le Président de la Société industrielle, M. Ponche, M. Jules Ducatel, dont le nom a été rappelé plusieurs fois à l'occasion de l'entrée des troupes dans Paris, lors des événements de la Commune, plusieurs notabilités de la ville, la musique du 3e chasseurs, l'orphéon, etc.

M. J. Vayson profita de la circonstance, pour distribuer à sept ouvriers de la Manufacture les médailles de collaborateurs qu'ils avaient obtenus à l'Exposition.

Le 5 novembre 1878, les membres de la Chambre de Commerce dont M. Vayson était président, et les juges du Tribunal, qui, nous l'avons dit plus haut, il avait aussi présidés, se réunirent pour lui offrir la croix d'honneur en diamant.

Suivant l'usage, M. J. Vayson devait désigner deux membres de la Légion d'honneur pour lui servir de parrains et lui remettre les insignes.

Le titulaire ayant prié son ami le colonel Béranger, officier de la Légion d'honneur, de vouloir bien accepter cette mission, cela donna lieu à une démarche peu ordinaire et qui témoignait de la plus affectueuse considération.

Le colonel à la tête de tous les officiers décorés du 128e de ligne vint aux Rames, remettre les insignes au nouveau chevalier.

M. J. Vayson avait aussi été appelé comme membre du jury dans un grand nombre d'Expositions. Chacun appréciait donc sa haute compétence si justifiée par les succès obtenus, et cette appréciation du reste générale, servait à étendre encore la renommée de notre fabrication de tapis d'Abbeville.

La réputation des tapis d'Abbeville, la savante organisation du travail, poussaient des personnages de distinction à visiter la Manufacture, parmi eux, nous trouvons au milieu de beaucoup d'autres :

En 1720, Frédéric de Hesse, roi de Suède.

Le 11 septembre 1745, le maréchal de Noailles.

Le 10 juin 1766 dit le manuscrit Siffait, Mgr de la Rochefoucault, archevêque de Rouen, abbé chef supérieur de l'Ordre de Cluny, arrivait au prieuré de saint Pierre d'Abbeville dudit Ordre, et visitait les Manufactures de draps et de Moquettes.

Le 4 septembre 1785, c'était M. de Calonne, qui se rendant au port de Dunkerque, s'arrêtait à Amiens, le lendemain se rendait à Abbeville et visitait aussi les Manufactures de draps et de Moquettes.

Le manuscrit Siffait nous apprend encore que pendant la même année 1785, le duc d'Orléans venant à Abbeville, on le reçut à la porte Marcadé où on tira des feux d'artifice en son honneur, et qu'ensuite il visita les Manufactures et laissa comme témoignage de bon souvenir une gratification aux ouvriers.

Le 19 juin 1803, Bonaparte, premier Consul, en se rendant à Abbeville, tint à voir les Moquettes et les Rames, il accorda aux ouvriers une gratification de sept jours de paie, et laissa aux hospices une somme de trois mille francs.

En 1825, le 25 août, la duchesse de Berry désira visiter la Manufacture de moquettes. M. Vayson était fournisseur breveté de la duchesse depuis 1821, il fit préparer une avenue bordée de rosiers en fleurs pour sa réception.

Le 24 mai 1831, S. M. Louis Philippe roi des Français, accompagné des ducs d'Orléans et de Nemours, de M. d'Argout, ministre du Commerce, du maréchal Soult, ministre de la Guerre, visita les Manufactures, il fut reçu aux Rames et y donna audience aux autorités.

Le 1er septembre 1833, M. Thiers, ministre du Commerce, visita la fabrique de tapis, et on tissa devant lui un tapis représentant un trophée d'attributs commerciaux et maritimes.

En 1857, le Préfet de la Somme, M. Monzard Sensier, visite la Manufacture dans tous ses détails.

En 1858 et en 1869, Mgr Boudinet, évêque d'Amiens, visite la Manufacture et adresse aux ouvriers une allocution pleine d'humour, de félicitations pour leurs travaux et de sages conseils.

En 1869, le 28 octobre, M. Ozenne, secrétaire général au ministère du Commerce et de l'Agriculture chargé de l'enquête sur les diverses industries vis à vis de nos traités de commerce, visite la Manufacture, accompagné des membres de la Chambre de Commerce.

Puis c'est M. d'Auribeau préfet de la Somme, puis M. de Riencourt, chambellan de l'Empereur, c'est Mgr Jacquenet, évêque d'Amiens, qui viennent à leur tour voir l'établissement.

Puis le général Paulze d'Yvoy et ses aides de camp, qui le 30 juillet 1872 vont d'un œil curieux suivre attentivement et avec intérêt les détails de la fabrication, et enfin des visites sont faites par les élèves des écoles industrielles, par des représentants de la Société française d'archéologie, etc., etc.

On peut se rendre compte par tout ce qui précède de l'importance considérable que la fabrique des Moquettes avait su acquérir dans l'opinion publique.

M. J. Vayson continue encore aujourd'hui la fabrication des tapis dont la réputation s'est si vaillamment maintenue depuis la fondation de cet établissement par Philippe Leclerc.

Tout ce qui a trait à la famille Vayson, au point de vue industriel, étant presque entièrement de notre temps, il est facile dans les journaux, les revues, les compte-rendus des Expositions, de retrouver des détails qui la concernent et qui peuvent nous intéresser, ainsi que les appréciations dont elle a été justement l'objet; aussi pourrons-nous revenir à elle plusieurs fois encore; mais nous n'avons pas rencontré la même facilité pour reconstituer le passé des fabricants depuis Philippe Leclerc jusqu'à la famille Vayson.

Nous avons l'intime conviction que ceux qui glaneront après nous dans les Archives de la ville d'Abbeville, ne puiseront guère sur ces manufacturiers, d'autres renseignements que ceux que nous avons pu recueillir jusqu'ici et qui vont suivre.

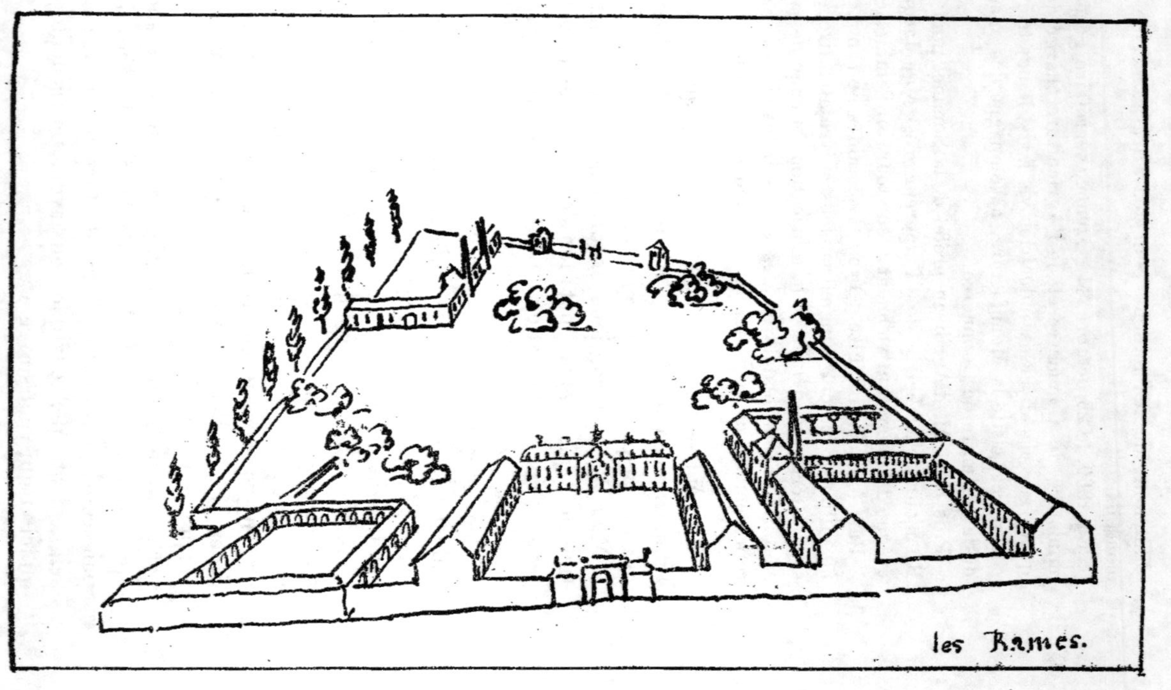
les Rames.

IV

Nous venons d'enregistrer aussi brièvement que possible, après avoir fouillé les secrets des Archives afin d'y découvrir des renseignements rigoureusement exacts, le nom des hommes laborieux, actifs, et d'une intelligence souvent supérieure, à l'initiative desquels Abbeville doit la fabrication des tapis, car ces noms méritent d'être conservés dans notre histoire locale.

Grâce à la confection de ces étoffes superbes, qui ont paré les demeures les plus somptueuses et les palais, notre pays a acquis une renommée brillante, attirant dans nos ateliers les commandes des hommes de goût, heureux de savoir profiter des jouissances luxueuses que peut donner la fortune.

Cette attraction, dûe aux efforts de nos fabricants, a développé depuis longtemps, tant qu'on l'a pu, les sources du travail, le bien-être d'une multitude d'ouvriers, d'employés, d'artistes de talent, dont les dépenses journalières pour les besoins de la vie, alimentaient utilement le commerce de nos boutiquiers.

Tous les habitants bénéficiaient donc alors d'une situation rendue prospère, et si nous cherchons dans le passé où l'on trouve trop souvent l'oubli ; malgré l'émiettement des souvenirs, nous rencontrons encore la trace de l'esprit habile, investigateur, entreprenant et réfléchi de nos grands manufacturiers.

Philippe Leclerc, malgré les privilèges accordés, se trouve aux prises avec de grandes difficultés, dues sans doute à des entreprises un peu téméraires, mais ses successeurs par une organisation bien comprise du travail, bénéficièrent d'efforts qui avaient entraîné des déceptions.

L'inspection du maire et des échevins sur les Manufactures, qui constituait un droit, tombait devant le privilége royal, ce qui laissait plus de liberté d'action, mais il y avait des tentatives de concurrence pour lutter contre notre fabrication de tapis, et bien que la chose ne fut point permise, on essayait de tous les moyens pour les faire réussir.

En 1696, le nommé Malo, ouvrier en peluche, s'avisa de faire fabriquer des mocades unies et rayées par le ministère d'un ouvrier qu'il avait débauché de la manufacture d'Abbeville.

Mauvoisin et Homassel le traduisirent par devant M. Bignon, lors intendant de Picardie.

Malo se prétendait autorisé dans son entreprise par les statuts et règlements des hautelisseurs d'Amiens, « quoiqu'antérieurs à l'établissement de la Manufacture de moquettes ou mocades, et contraires à sa prétention. »

Mais par ordonnance de M. Bignon, intendant, du 13 novembre 1696, il fut défendu à Malo et à tous autres, « de faire ni contrefaire aucunes moquettes ou mocades, à peine de confiscation et de cent livres d'amende ; permis aux dits Homassel et Mauvoisin de faire saisir toutes celles qui se trouveraient tant chez ledit Malo que chez les marchands, lesquelles demeureraient confisquées; permis en outre de faire saisir les métiers sur lesquels ledit Malo faisait fabriquer les dites mocades. »

Ces tentatives avortées de concurrence ne nuisaient point aux progrès de la fabrication qui méritait des récompenses.

Le 24 mai 1745, l'intendant général de Picardie adressait aux mayeurs et échevins d'Abbeville la lettre suivante :

Messieurs,

Le Roy ayant bien voulu sur mes représentations me faire remettre différentes médailles pour entretenir l'émulation dans les Manufactures d'Amiens et d'Abbeville, j'en joins ici trois, pour être distribuées aux trois fabricants de votre ville qui se sont le plus distingués jusqu'à présent, soit par l'invention des nouvelles étoffes, soit par la perfection des anciennes, et surtout par la fidélité dans leur commerce, je les ai remises au sieur Tribert pour qu'il assistât à l'assemblée que vous tiendrez et à laquelle vous appellerez les gardes de chaque communauté pour choisir ces trois fabricants, après quoi, vous leur remettrez à chacun leur médaille en plein Hôtel de Ville, et tiendrez registre, tant de ma lettre que de tout ce qui se sera passé à cette occasion.

Si vous jugez outre cela, que quelques-uns d'entre eux méritent d'être exemptés de logement de soldats et d'ustensiles, je l'accorderai avec grand plaisir, mais nous devons observer vous et moi, que ces sortes de distinctions pour être bien appliquées doivent être conformées ou même précédées par la voix publique, et si je vois que cela augmente le progrès de vos Manufactures, je les renouvellerai de de temps en temps, en proportion du bien qui en résultera.

Je suis Messieurs, votre très humble et très obéissant serviteur.

La note suivante, écrite de la main de l'intendant général terminait la lettre :

Je crois que ceux qui méritent le mieux des médailles, sont les sieurs Scalogne, Homassel et Ricouard. Mais il conviendrait d'en donner une pour la Manufacture quoiqu'ancienne des Moquettes, et j'en joins une quatrième à cet effet.

Comme on le voit, en ce temps-là, on encourageait l'industrie.

Plus tard, les lettres de prorogation de 1767 disent :

Que c'est entre les mains de J. Homassel, et, de son gendre, J. Hecquet, que la Manufacture des moquettes a été portée à ce haut point de perfection où elle est parvenue, et que sa renommée s'est étendue dans toute l'Europe.

Un des Homassel était un chimiste distingué et un teinturier habile, il a par ses connaissances acquises, par ses expériences éveillant la vivacité et assurant la solidité des couleurs, contribué à la réputation si glorieuse de la fabrication Abbevilloise. Il a laissé sur la teinture, un ouvrage qui fut imprimé en 1799.

Un descendant des Homassel prétendait que des armoiries spéciales avaient été accordées à la Manufacture, ce qui paraît certain, car elle possédait le droit de marquer ses produits avec un plomb ayant d'un côté une fleur de lys, et de l'autre le nom du chef de la fabrique.

L'ancienne cloche de la Manufacture porte la date de 1740, avec le nom de Jean-Baptiste Homassel et les trois fleurs de lys de France des manufactures royales.

Après les Homassel, nous l'avons dit dans un chapitre précédent, vinrent les Hecquet.

Leurs noms figurent souvent sur le tableau des juges et consuls des marchands du tribunal de commerce, ce qui prouve la haute considération dont ils jouissaient; voici à quelles dates on les rencontre :

Hecquet (Nicolas), juge consulaire en 1765 était président en 1740 ;

Hecquet (Antoine-Philippe-Clément), juge en 1767 et 1768 ;

Homassel (Philippe), en 1768 ;

Hecquet (Nicolas), président en 1749, juge en 1770 ;

Hecquet 1771 et 1772 ;

Hecquet (Nicolas-Jacques), 1772 et 1773 ;

Hecquet (Pierre), 1773 et 1774 ;

Homassel (Pierre-Marcel), 1774 et 1775 ;

Hecquet (Alexandre), 1778 ;

Homassel (Jean-Baptiste), 1780, 1781, 1782 et 1783 ;

Homassel (Philippe), président en 1768, juge en 1789 ;

Hecquet (Nicolas-Jacques), président en 1773, juge en 1790 ;

Ces Hecquet, comptent dans leur famille, André Hecquet, grand théologien, fils d'un marchand d'Abbeville et de Catherine Pigné, né en 1640, qui fut pourvu d'un canonicat à Saint-Vulfran et élevé au décanat de cette église.

Il s'était appliqué avec succès à l'étude des langues hébraïques et grecques, et le fameux Rollin, recteur de l'Université, entre autres appréciations qui furent gravées sur sa tombe, disait de lui, que la capacité dont il était doué pour le maniement des affaires, jointe à une fidélité incorruptible, lui attiraient de la part de son chapître un dévouement entier.

Ils comptent aussi Philippe Hecquet, ancien doyen de la Faculté de Paris, né le 11 février 1661, que Daquin, premier médecin de Louis XIV, distingua et fit admettre dans la Chambre royale de médecine.

Mlle Vertu, de la maison de Bretagne, s'étant retirée à Port-Royal-des-Champs, le choisit pour remplacer le célèbre Hamon qui venait de mourir et il fut aussi le médecin du prince de Condé.

Philippe Hecquet observait rigoureusement les préceptes religieux. Un jour de carême que la table de la princesse était garnie de poissons frits, il lui représenta que c'était violer la loi du jeûne. En cela, il différait de goût avec un des Homassel-Manessier dit le Riche, qui, possédant à Pont-Remy une petite annexe, un moulin servant probablement à des retordages, et qui, en même temps était accompagné d'une maison de campagne où l'on prenait ses ébats, y allait souvent manger des anguilles, ayant alors à Abbeville la même réputation méritée que les anguilles de Melun ont su acquérir à Paris.

Il est vrai qu'à Pont-Remy les moulins étaient nombreux, chacun avait sa *pêcherie* ou *clier*, et la pêche des anguilles était là, plus abondante que dans tous les autres villages situés le long de la Somme. Ce qui le prouve surabondamment, c'est que Guy, comte de Ponthieu, avait jadis fait une dotation annuelle et perpétuelle de 2,200 anguilles au prieuré de Saint-Pierre, où on n'éprouvait peut-être pas tous les scrupules du docteur Hecquet.

Philippe Hecquet laissa des ouvrages très estimés et exerça sa profession avec le plus noble désintéressement, visitant les pauvres de préférence aux riches.

Dans le grand tableau peint par notre compatriote Choquet en 1802, dans lequel il a reproduit les traits de nos illustrations abbevilloises, se trouvent les portraits de Philippe Hecquet et de Clément Hecquet, tous deux médecins distingués.

Quand M. Hecquet Jean-Pierre, né en 1783, succéda à son père dans la Manufacture des tapis, il augmenta son importance, développa l'activité de la production et celle de la fabrication des velours gaufrés dits d'Utrecht.

Il apporta aussi des améliorations à la teinture en appliquant des procédés que ses études profondes en chimie lui avaient inspirés.

M. Jean-Pierre Hecquet décédé à Abbeville le dimanche 3 avril 1859, a laissé le souvenir d'un homme de bien, d'un philanthrope dont la bienfaisance éclairée s'exerçait fructueusement pour les pauvres, et pendant des années de disette, il organisa des distributions de secours en faveur de ses ouvriers.

Dans le compte-rendu de l'Exposition universelle de Dijon publié en 1859, M. J. Sourbé et M. Charles Noellat établissent que c'est bien Philippe Leclerc qui introduisit en France la fabrication du tapis appelé moquette, et que la Manufacture d'Abbeville fut la première et longtemps la seule à fabriquer ce genre de tapis.

Plus tard, disent-ils, des établissements du même genre furent créés; mais la fabrique d'Abbeville, grâce à l'avance et à l'acquit qu'elle avait sur eux, entra dans la voie de la libre concurrence, prit la tête de la fabrication et la conserva depuis. La filature des laines employées, leur teinture, les dessins des tapis, en un mot toutes les diverses opérations si nombreuses et si variées qui transforment la laine brute en riche tapis, se font dans l'établissement.

Voici comment sont jugés à cette Exposition les produits envoyés par J. Vayson, dont la famille avait succédé à la famille Hecquet dans notre Manufacture de tapis :

« Les produits exposés par M. J. Vayson étaient :

1° Plusieurs moquettes dessin ton sur ton et imitation de dessins Turcs. Les unes et les autres sont d'une fabrication irréprochable et d'une extrême vivacité de tons. Cette maison a du reste une ancienne réputation méritée pour le brillant et la solidité de ses teintures.

2° D'un tapis en velouté, dessin de quatre layes d'un développement colossal, et dont les fleurs présentent autant de variété que de richesse.

3° Plusieurs carpettes veloutées, dont l'une est la reproduction fidèle d'un tapis du Levant. L'imitation intelligente des tapis d'Orient est une des vieilles gloires de la Manufacture d'Abbeville.

4° Un Christ en croix, grandeur naturelle, en tapisserie et effet de grisaille. Ce morceau remarquable est un de ceux qui ont le plus attiré l'attention des visiteurs de notre Exposition.

5° Enfin un type de tapisserie pour meubles d'une fabrication admirablement régulière et d'une souplesse parfaite. Cette tapisserie présentait toutes les qualités d'une complète réussite que l'on trouve rarement réunies dans une étoffe à un pareil degré.

Tels sont les principaux articles exposés par M. Vayson.

Cette maison fabrique le tapis en moquette dans ses emplois les plus divers, les veloutés et chenille, haute laine, les tapisseries, etc., etc., elle a obtenu à toutes nos grandes expositions nationales les plus hautes récompenses, médailles d'or, etc., etc., et en 1855, à l'Exposition universelle, le Jury disait dans son rapport :

L'attention se repose avec satisfaction sur les tissus de M. J. Vayson ; de belles moquettes, de très beaux tapis veloutés composent l'Exposition de M. J. Vayson.

Son tapis semé de bouquets est très remarquable, ainsi que ses beaux tapis rouge et noir et imitation Turque.

Voici des appréciations qui certes établissent glorieusement, pour M. J. Vayson, l'exquise perfection qu'il a su apporter dans sa fabrication ou tout doit être combiné avec tant de soin et d'intelligence, nous allons entre autres jugements tout aussi honorables pour la renommée de notre belle Manufacture, en citer encore quelques-uns datant de 1865, lors de l'Exposition internationale Franco-Espagnole et que nous extrayons des rapports du Jury :

M. J. Vayson, comme membre du Jury, se trouve hors de concours. La commission ne peut donc proposer aucune des récompenses dont elle dispose pour reconnaître les progrès constants que cet industriel éminent fait faire à son industrie ; mais il est de son devoir d'apprécier les produits exposés par la Manufacture impériale des tapis d'Abbeville.

M. J. Vayson fabrique particulièrement le tapis dit *Moquette*. C'est le tapis qui fait la base de la fabrication et de la consommation française ; c'est sur celui-là ce nous semble, que l'on doit porter la plus grande attention. La fabrique de M. J. Vayson, dont la fondation, due à Colbert, remonte à deux siècles, est la première qui ait fabriqué en France le tapis moquette ; elle a été l'initiatrice de cette fabrication pour notre pays, qui a vu s'élever sur divers points, des fabriques de moquettes dont les éléments primordiaux avaient leur source à Abbeville.

M. J. Vayson maintient la fabrique de tapis d'Abbeville au premier rang qu'elle a toujours occupé, en y introduisant chaque jour les perfectionnements que fait l'Industrie. L'Exposition de M. J. Vayson, se compose de diverses moquettes d'une fabrication irréprochable : les raccords sont parfaits ; les nuances, vives et nourries, ont la plus grande solidité ; les dessins sont nouveaux et de bon goût.

La commission signale surtout un dessin sur ton cramoisi,

un dessin fond blanc, avec fleurs et feuilles fantastiques, un dessin à rinceaux avec motifs tirés de l'Alhambra, et un dessin rosace Smyrne sur fond rouge damassé. Toutes ces moquettes sont d'une fabrication parfaite de régularité, et eu égard à leur qualité, d'un prix qui éloigne la concurrence des fabricants étrangers.

Mais M. Vayson qui a introduit à Abbeville la fabrication de tapisserie raz, similaire à celle de la Creuse, a complété son Exposition par une grande page sur laquelle nous sommes obligés de nous étendre : C'est un tapis fond bleu semé d'étoiles, au centre duquel se placent, d'une façon magistrale, les armes d'Espagne.

Le manteau royal, surmonté de la couronne, soutient le blason d'Espagne de gueules et d'argent, entouré par les cordons de la Toison d'or et de Charles III. Tout le motif est entouré lui-même par deux branches immenses de chêne et de laurier, entre les feuillages desquelles s'enroule une grâcieuse banderole portant les noms des principales villes d'Espagne ; une large bordure sur fond blanc, d'un effet harmonieux et doux, laisse toute l'importance au motif central ; et dans chaque coin se répétent le lion, la tour de Castille et d'Aragon, et la couronne royale. Les fleurs sont spirituellement groupées, et ont une grande pureté de forme et de coloris ; les fonds sont en laine, et les lumières en soie.

Ce tapis mesure environ cinq mètres sur six ; en un mot c'est un très beau tapis qui fait honneur à la fabrication Abbevilloise.

Plus loin, on remarque une imitation parfaite des tapis du Levant ; M. J. Vayson les reproduit avec une exactitude telle que l'œil le plus exercé se trompe sur leur origine. Tout le monde connaît la vieille réputation des tapis de Turquie ; la commission a été heureuse de voir la réussite si parfaite d'un industriel, *réussite qui exonère pour l'avenir la France, restée jusqu'à ce jour tributaire de la Turquie pour ce genre de tapis.*

Ainsi qu'on le voit, l'établissement fondé dans notre ville par Philippe Leclerc, a pu, sous la direction habile des manufacturiers d'une intelligence et d'un mérite incontestables qui lui ont succédé, faire honneur non seulement aux Abbevillois, qui peuvent se glorifier de sa renommée largement établie ; mais à la France, par les si remarquables progrès qu'ils ont su développer.

On l'a proclamé en pleine exposition, dans une exposition internationale, notre fabrication abbevilloise a fait par ses perfectionnements, secouer le joug d'une concurrence étrangère pour l'avenir ; et c'est un résultat que l'on peut nous envier, nous ne nous en plaindrons pas. Nous avons, du reste, plus loin, d'autres succès acquis à constater dans le compte-rendu des expositions.

V

A travers les temps, les conditions de travail se modifient, les besoins se développent ou diminuent, et les changements successifs qui s'opèrent dans l'installation d'un grand nombre d'établissements industriels, servent souvent à révéler les secrets de leur marche ascendante ou de leur stagnation, par conséquent à retracer leur histoire.

A ce point de vue, il nous a paru intéressant d'indiquer quels ont été les différents emplacements occupés par la fabrique de tapis d'Abbeville ; la manière dont ils ont été abandonnés successivement prouve que depuis l'origine de la Manufacture jusqu'à ce jour, les progrès de la Fabrication et la renommée acquise ont presque toujours rendu cet établissement prospère.

Il est très probable que les premiers métiers qui tissèrent la mocade ou moquette, ou tripe à Abbeville, fonctionnèrent dans des habitations allant de la rue Wattepré ou Pados à la rue aux Pareurs, vis-à-vis de la rue aux *Telliers* ou Tisserands, qui a changé de nom, et s'est appelée depuis, rue Médarde, puis enfin, rue Pierre-Sauvage (1).

Plus tard, la Manufacture fut établie dans un groupe

(1) Pados était le nom d'une famille à qui le moulin avait longtemps appartenu.

de petites maisons construites en bois, ayant pignon sur rue.

Ces maisons n'avaient habituellement qu'un rez-de-chaussée ; si elles étaient surmontées d'étages, ces étages avançaient sur la rue, où les corniches et les poutres saillantes s'ornementaient de sculptures.

Chaque maison communiquait avec sa voisine par des portes intérieures, présentant ainsi au regard autant d'ateliers et de boutiques. Il est facile de se rendre compte de l'exactitude de cette disposition, en lisant le règlement de la boîte, ou caisse de secours des ouvriers, qui remonte à 1746.

La dernière des maisons fut démolie vers 1830, on a conservé quelques morceaux de bois sculptés de sa corniche.

Le groupe de maisons ou d'ateliers était situé chaussée Marcadé, au coin de la rue appelée aujourd'hui rue Ledien, mais qui alors était divisée en deux par la rivière de Sautine.

La rue Ledien se trouvait sur la rive droite, la rue Mourette sur la rive gauche.

La chaussée Marcadé franchissait la Sautine sur le pont Touvoyon.

Ce nom de Touvoyon lui avait été donné en l'honneur de Firmin Touvoyon, Maieur qui s'était vaillamment battu à la tête de nos bourgeois, notamment avec le concours de Saint-Pol et de Châtillon, en chassant les Anglais de la capitale du Ponthieu.

Non loin de ce pont, sur ce cours d'eau, on avait établi le lavoir et on faisait le rinçage des laines teintes, employées dans la fabrication.

Le vieux plan d'Abbeville de 1624, tout informe qu'il soit, indique cependant ces maisons.

Telle était la fabrique sous les Homassel et les Hecquet. Ces derniers y ajoutèrent quelques constructions et quelques améliorations.

du reste mal ses constructions en [illegible], ayant engagé ses [illegible]

[illegible]

[illegible]

Chaque [illegible]

[illegible]

[illegible]

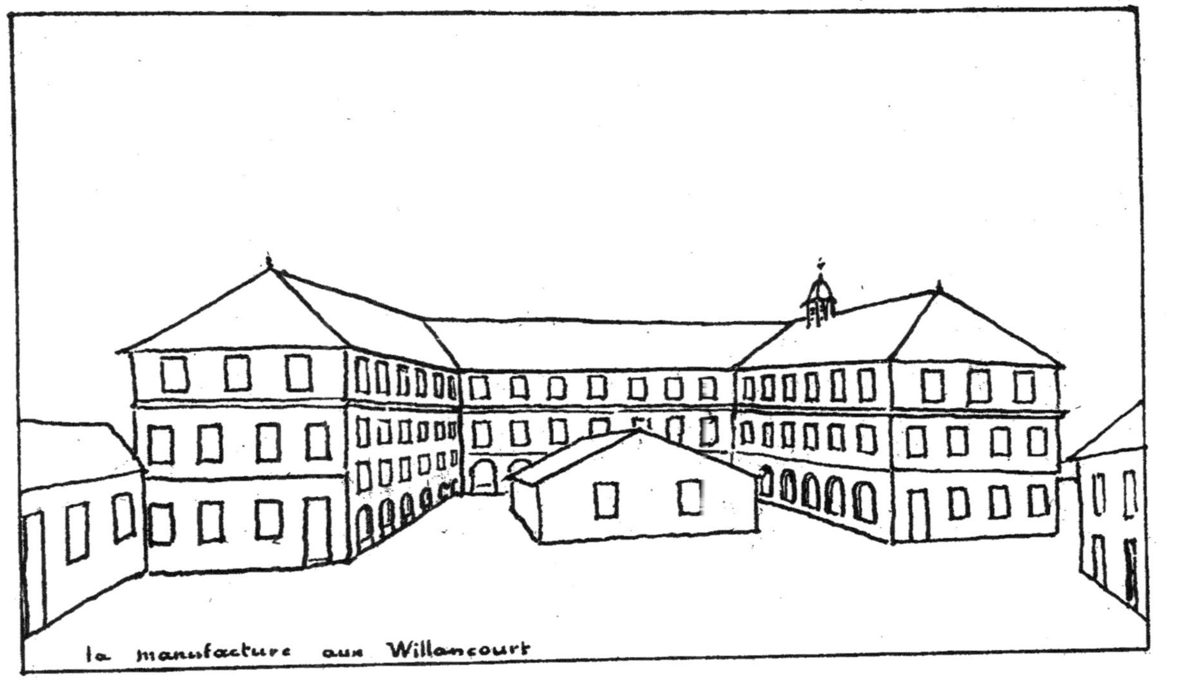

la manufacture aux Willancourt

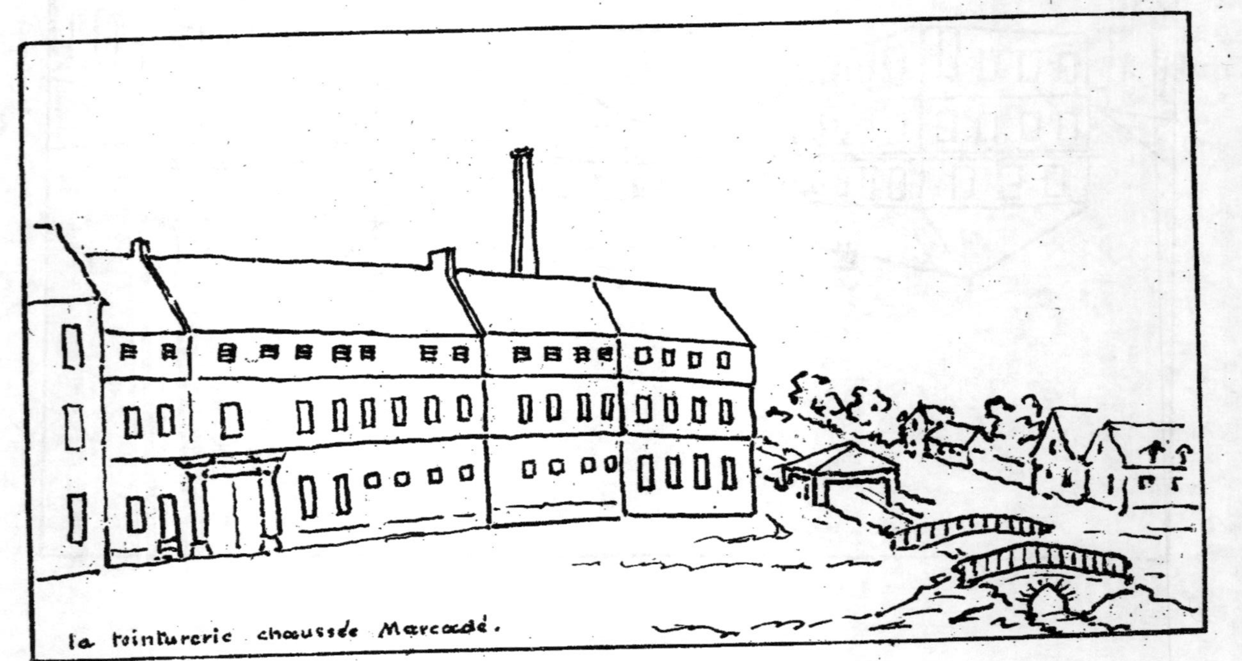

la teinturerie chaussée Marcadé.

Vers 1824, M. P.-A. Vayson venait d'acquérir l'ancien cloître des Villancourt.

Ce nom avait été donné au monastère, par des religieuses Bernardines fixées depuis 1220 à Villancourt, près Auxi-le-Château, et qui pour échapper aux vicissitudes et aux inquiétudes de la guerre, quittèrent cette propriété du comte de Ponthieu et se fixèrent à Abbeville vers 1662.

Le couvent avait été vendu pendant la Révolution, en 1809, les bâtiments furent aménagés pour une fabrique de cotons et de calicots.

En 1824, M. Vayson acheta cet ancien monastère pour y transporter le tissage des tapis. Les bâtiments furent relevés d'un étage, la teinturerie restant toujours sur la Sautine, chaussée Marcadé.

Plus tard, vers 1853, M. J. Vayson ajouta encore aux ateliers des Villancourt de nouvelles constructions pour le tissage des moquettes fines.

Ce fut vers 1836 que M. M. Vayson construisit à Pont-Remy une filature de laine ayant pour force motrice une roue hydraulique placée sur un des bras de la Somme et dont nous parlerons dans un chapitre suivant.

En 1853, M. J. Vayson acheta le moulin alors situé sur la Sautine, pour y transporter les apprêts des tissus, et y faire les premiers essais du tissage mécanique de la moquette, en y ajoutant une machine à vapeur.

Ce petit moulin dont l'existence était fort ancienne remontait presque à l'origine des moulins à eau.

Il est mentionné avec d'autres, dans un traité fait entre Guillaume III, comte de Ponthieu, et le prieur de Saint-Pierre, à propos des moulins de *Comte* et de la *Balboë*, établis sur le Scardon en 1195.

Il a dû être compris dans la donation faite par Guy Ier, comte de Ponthieu et de sa femme audit prieuré de Saint-Pierre, relatée dans la charte et fondation de 1100.

On l'a aussi appelé moulin Malœuvre.

Guillaume Malœuvre, en 1587, utilisait le moulin comme armurier, en 1657, Toussaint Malœuvre était propriétaire des moulins du pont de Sautine et Patience.

Plus tard, abandonné comme moulin à blé, il avait été transformé en scierie mécanique par M. Hénocque père, puis en moulin destiné à écraser les écorces pour la tannerie, par M. Lestudier.

Cette acquisition fut faite dans le but d'installer seulement quelques apprêts.

Plus tard, eût lieu la construction de grands ateliers, disposés suivant les exigences pratiques industrielles modernes.

Ces nouvelles constructions qui centralisèrent tout, furent faites en 1860 et durèrent plusieurs années.

En même temps, l'acquisition du vaste terrain, dit le plan des Villancourt, et de terrains militaires, allait permettre la jonction de ces immeubles avec la rue Pados, en passant par-dessus la Sautine, et la construction d'une filature était décidée sur les nouveaux terrains où une teinturerie avait déjà été installée.

A cette époque la population ouvrière qui se groupait dans l'établissement, ne trouvant pas à se loger facilement, on décida la construction d'une cité ouvrière dans la Planquette, au coin des rues Planquette et Pados.

Cette construction, ainsi que celle de la filature furent ajournées par suite de l'achat de l'usine des Rames qui fut mise en vente en ce temps.

Le vaste établissement des Rames présentait les avantages de disposer d'une grande surface de terrain, de vastes ateliers tout construits, d'une force motrice installée, d'une maison d'habitation grandiose.

Nous parlerons plus loin du passé de cet établissement, de sa situation à cette époque, des causes qui amenèrent sa déchéance, et nous parlerons aussi de sa transformation.

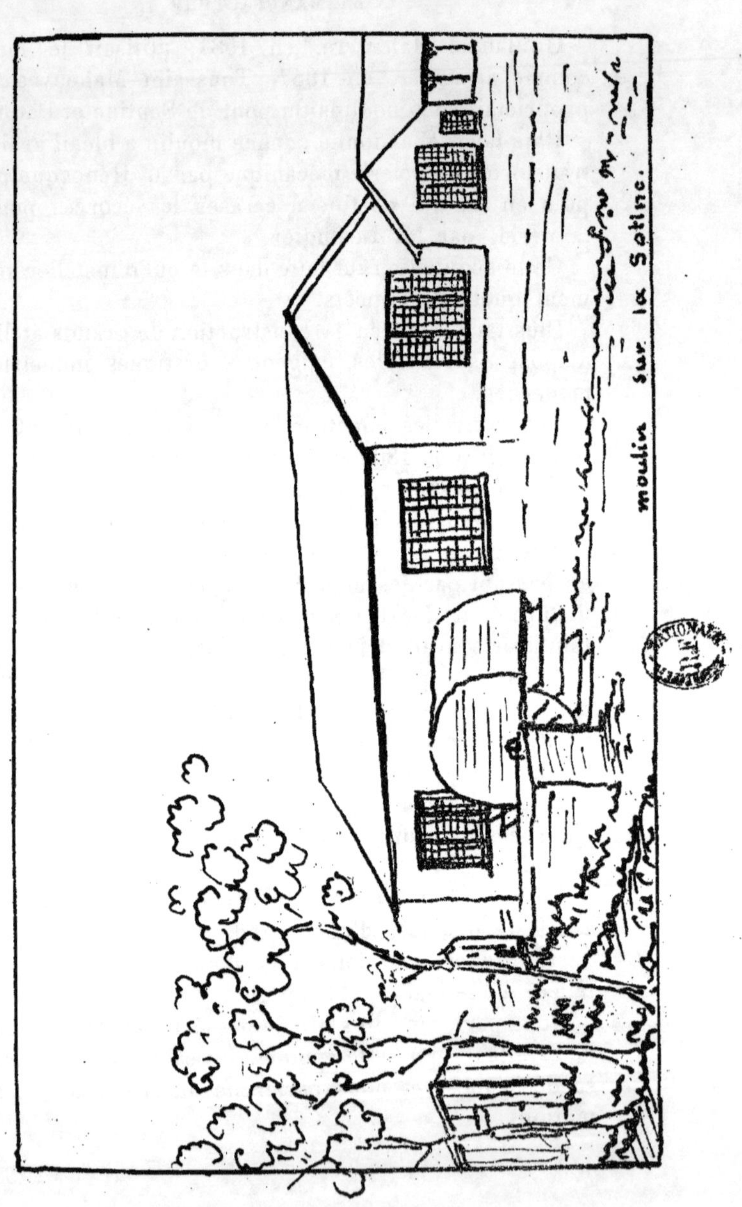
moulin sur la Sotine.

VI

A partir de la Révolution, les conditions du commerce et de l'industrie se trouvèrent fatalement modifiées.

La France avait perdu son calme, le courant des idées nouvelles enfiévrait les esprits, toutes les passions violentes se déchaînaient tumultueusement, amenant le trouble dans les affaires.

La prudence était imposée par de mortelles inquiétudes, les relations se perdaient, le travail s'anéantissait, la misère arrivait avec les émeutes ; les goûts de luxe et d'élégance qui caractérisaient la fin du règne de Louis XVI ne pouvaient plus se produire pendant la tempête révolutionnaire.

Les perfectionnements industriels étaient presque impossibles à tenter dans ces moments de confusion et de désordre.

La mode, qui généralement aime les délices du bien-être et de la paix, ou les triomphes de la gloire, ne trouvait plus le moyen de s'épanouir devant tant de fortunes compromises ou perdues ; quand un milliard d'impôt forcé sur les riches, suffisait à peine à faire disparaître les assignats que Cambon, député de l'Hérault à la Convention, prétendait avoir servi à raviver le commerce et à faire fleurir les arts.

L'art lui-même ne pouvait plus donner libre carrière

à l'imagination féconde des artistes ; tout sombrait à Paris, et quand la Reveillère, Rewbel, Letourneur, Carnot et Barras, en 1795, vinrent s'installer au Luxembourg; il n'y avait plus ni meubles, ni tapisseries, il était temps de les renouveler.

Cependant on ne disait déjà plus comme Voltaire, même pour la fabrication des tapis :

> Il est une déesse inconstante, incommode,
> Bizarre dans ses goûts folle en ses ornements,
> Qui paraît, fuit, revient, et naît en tous les temps
> Protée était son père, et son nom est la mode.

et l'on ne trouvait plus comme Montaigne, que la mode est pour le français, une chose qui lui *tourneboule l'entendement et qu'il n'y a si fin entre nous, qui ne se laisse embabouiner par elle, et esblouir, tant les yeux internes que les externes insensiblement.* On n'était plus au temps de Colbert, ou Bolingbroke avoue que les colifichets, les folies et les frivolités du luxe français, coûtaient à l'Angleterre cinq à six cents mille livres sterling par an.

Pourtant parmi les hommes arrivés, les orateurs ialoux de se produire, beaucoup s'étaient bercés dès l'enfance avec les souvenirs classiques de la phraséologie grecque et latine qui les avaient inspirés pendant la Révolution, et chacun dans ses allures et ses discours, tentait d'emprunter quelque chose à Rome ou à la Grèce ou l'on croyait tout trouver, cela développa une espèce d'engouement qui favorisa le réveil de la mode.

Seulement, les manifestations de la mode changèrent presque complètement les inspirations, on s'éloignait le plus que l'on pouvait des détails fins et délicats qui avaient marqué les dernières manifestations de l'art industriel.

On recherchait une prétendue simplicité touchant à la raideur, mais on ne s'inspirait pas réellement des meilleurs modèles à nous laissés par l'antiquité.

Cette tendance, ne devait pas manquer de se faire sentir dans le choix des dessins des tapis, et nous trouvons alors beaucoup de dispositions qui empruntent leur caractère à la mosaïque.

Beaucoup de tapis ont un motif central et des bordures régulières, la coloration est souvent fantaisiste, faite sans préoccupation de l'harmonie générale de l'ameublement.

Des trophées d'armes, ou des motifs guerriers viennent souvent remplir les cartouches et les médaillons.

La Belgique que nos armées victorieuses avaient su conquérir, possédait la vieille ville de Tournay déjà florissante au temps de César, se souvenant de sa splendeur et d'avoir été la capitale des Francs, de Mérovée et de ses successeurs jusqu'à Clovis.

Tournay où le commerce était fort développé, avait une importante manufacture de tapis dont les produits se répandirent en France.

Les métiers dont on se servait dans cette ville étaient les mêmes que ceux d'Abbeville, les uns et les autres étaient également compliqués — le système qui produisait le dessin était connu sous le nom de *à la tire* — une multitude de cordes et de bobines exigeaient l'emploi de trois ou quatre enfants par chaque métier, la production était lente, difficile, coûteuse, et le prix de revient élevé.

Les victoires du Consulat et de l'Empire, créèrent à la France une situation nouvelle qui réveilla partout le mouvement commercial et industriel.

Sous le Consulat, les fêtes données à la Malmaison par Madame Bonaparte, qui comprenait les raffinements de la plus exquise élégance, imprimèrent un tel élan aux distractions mondaines, que dans un hiver, on compta de huit à dix mille bals dans Paris, et cinq à six mille dîners. Madame d'Abrantès écrit à ce sujet, que les villes manufacturières de la France, au milieu du luxe déployé, refleurissaient et devenaient de nouveau l'honneur de la patrie, que toutes les branches de commerce se trouvaient plus heureuses.

Quand Napoléon devint Empereur, pour donner de l'activité au commerce, il voulut des fêtes, et s'il eut une Cour splendide, comme le dit M. Duruy, ce fut autant dans l'intérêt de l'industrie que dans celui de son prestige ; tout le monde en profita.

Le besoin du luxe se faisant largement sentir, les fabriques de Tournay et d'Abbeville, trouvaient sur la place de Paris une vente facile. La fabrication était en partie absorbée par la maison de vente Vayson et Cie.

Pendant cette période, quelques tentatives de fabrication de Moquettes furent faites à Tourcoing, à Aubusson, à Amiens, mais elles ne se développèrent que plus tard, pour arriver à l'importance remarquable acquise aujourd'hui.

Sous le Directoire, une Exposition industrielle due à l'initiative de Lareveillère, et la première que l'on vit en France, eut lieu au Louvre à Paris. La fabrique d'Abbeville ne paraît pas y avoir pris part, elle continue à tisser les velours en poil de chèvre appelés velours d'Utrecht, mais elle produisait de préférence les velours gauffrés aux velours lisses.

Quand aux velours de soie, ils ne furent jamais tissés à Abbeville, c'était pourtant une vieille industrie française, puisque dans un livre écrit au treizième siècle par ordre de saint Louis, se trouvent codifiés les statuts et règlements des corporations marchandes et manufactures de Paris, et que l'on rencontre au titre XL : *Ordonnance des métiers des ouvriers en draps de soie et de Vetuyaux.*

Le tissage des velours de soie se développa dans plusieurs villes et vers 1577, l'auteur du discours nouveau sur la mode, écrivait en parlant des dames : « Les chaperons d'honneste contenance des dames sont de velours et de satin. Leur soin est de chercher un velours par figure ou un velours rosé, qui serve de doublure au chaperon de drap que toujours elles ont. »

Quelque temps après le passage du premier Consul à Abbeville, dans le but de se renseigner exactement sur l'état des industries en France, le Gouvernement ordonna que dans chaque département des renseignements fussent pris sur l'industrie, il reste trace des documents qui concernent le département, à la bibliothèque de la Chambre de Commerce d'Amiens, sous ce titre :

Carte générale industrielle du département de la Somme

Puis on lit :

L'an 1806 et l'an III du règne de Napoléon le Grand, sous le ministère de M. de Champigny, grand cordon de la Légion d'honneur, la carte industrielle du département de la Somme a été composée sur les plans, par M. Quinette, préfet, membre de la Légion d'honneur, et par les soins de M. Massier, membre du Conseil général du Commerce, Cordier, Louis Delahaye, Charles Cornet, Auguste Debray, Dargent, Bervile et Jourdain de l'Eloge, Delamorlière membres de la chambre de Commerce d'Amiens, remplissant les fonctions de membres de la Chambre consultative des Arts et Manufactures pour les arrondissements de Doullens, Montdidier, Péronne, et de MM. Hecquet d'Orval, Van Robais fils, Isidore Wattebled, Clément Rochard et Philippe Ducatel, membres de la Chambre consultative d'Abbeville.

Cette carte renferme des échantillons :

1° Des matières premières du département;

2° Des échantillons des différentes préparations de ces matières;

3° Des tissus et fabrications de tous genres auxquels leur emploi a donné lieu.

A chaque article est joint une note indiquant :

Le nom du fabricant ou les lieux de fabrication;

Le nombre des ouvriers employés;

L'origine et les prix des matières premières;

Le prix des tissus;

L'époque de l'origine de la fabrique, leur variation, les lieux de consommation.

Le 10 novembre 1806, le Ministre de l'Intérieur écrivait à M. Quinette, préfet du département, qu'il ne saurait donner trop d'éloges au travail des Chambres de Commerce d'Amiens et d'Abbeville, et lui annonçait que ce travail était digne d'être placé sous les yeux de l'Empereur.

Au folio 56, il est dit ce qui suit au sujet de la fabrique de moquettes :

Elle est actuellement dirigée par M. Hecquet d'Orval, qui soutient la haute réputation que ses ancêtres se sont faits dans cette Manufacture.

La laye des moquettes est de 54 centimètres, la longueur des pièces est de 14.25, elles sont fabriquées avec des laines et des lins de l'arrondissement d'Abbeville, préparées et filées à Abbeville et dans les communes environnantes.

Au sujet de l'exportation, il est dit :

Les moquettes et les velours s'emploient en tissus unis ou gauffrés pour meubles.

Les moquettes s'emploient pour tapis de pied et se vendent en France, Suisse, Piémont, Italie, Espagne et dans quelques parties de l'Allemagne.

On en expédiait aussi beaucoup en Russie avant le dernier traité de Commerce qu'elle a fait avec l'Angleterre.

A la suite d'autres renseignements que nous passons sous silence pour ne point surcharger notre travail outre mesure, nous trouvons qu'à cette époque, la manufacture de M. Hecquet d'Orval occupait de 87 à 90 métiers, et qu'elle pourrait en occuper 120 au rétablissement de la paix.

La fabrication annuelle était de 14 à 1,500 pièces, et celle des velours de 200 pièces.

Ces détails sont, on peut en juger, assez curieux et méritaient d'être consignés ici.

VII

Nous avons vu que la manufacture de tapis de Tournay et celle d'Abbeville alimentaient la maison de vente de Paris de MM. Vayson et Cie.

Après 1815, la ville de Tournay n'appartenant plus à la France, les commandes de Paris se reportèrent sur la fabrication d'Abbeville.

Quelques années après, en 1823 et 1824, M. Vayson achetait la Manufacture de M. Hecquet, et réunissait ainsi la fabrication à Abbeville et la vente à Paris.

Nous avons dit au chapitre où il est traité des emplacements de la fabrique que M. Vayson avait fait construire des ateliers chaussée Marcadé, acheté le cloître ou couvent de Villancourt, qu'il y avait fait transporter les métiers à tisser, après avoir agrandi et aménagé les ateliers en vue de la fabrication.

On fit venir en même temps de Lyon, des ouvriers monteurs qui appliquèrent le système Jacquard.

Joseph-Marie Jacquard, mécanicien de Lyon, affranchit les machines autrefois chargées de cordes, de pédales, etc., de compagnons servants sans lesquels on ne pouvait travailler.

Le métier à la Jacquard qui produisait le dessin en épargnant des travaux pénibles, simplifiant les machines, causa une véritable révolution dans l'industrie.

Jacquard était né en 1752, mais son invention ne date que de 1801, époque ou elle obtint une médaille à l'Exposition; et quoiqu'elle donnât un grand avantage à l'industrie lyonnaise, elle ne fut pas adoptée sans obstacle.

Jacquard avait pensé que des milliers de femmes, d'enfants, cloués au métier antique, forcés d'y prendre et d'y garder des positions gênantes et fatigantes, y contractaient des infirmités et des difformités physiques, et qu'il serait utile de faire cesser ce supplice.

Les ouvriers mal inspirés, ne virent dans la magnifique invention de Jacquard qu'un moyen *de leur couper les bras;* ils rendirent cet homme qui améliorait si admirablement les conditions du travail, victime de toutes sortes d'avanies et d'outrages. Un jour même une bande furieuse eût l'idée de le précipiter dans le Rhône.

Le Conseil des Prud'hommes ne comprenait pas mieux le brillant avenir réservé à la main-d'œuvre et à la fabrication par la machine nouvelle, il s'associa volontiers aux récriminations des ouvriers, et, accueillant sans réserve et sans examen sérieux la plainte d'individus qui n'avaient pu utiliser le métier, il prit la décision de le faire briser publiquement.

La mécanique dont Jacquard taillait dans sa pauvreté les poulies et les diverses pièces avec son couteau, avait été terminée en 1800; à Abbeville où l'on était à la piste de tous les progrès industriels, la Manufacture de Tapis comprit l'importance du système nouveau au moyen duquel un seul ouvrier exécutait les étoffes aux dessins les plus compliqués, aussi facilement qu'une étoffe unie, en débarrassant le métier de l'attirail des cordages et des pédales, et l'appliqua à son industrie aussitôt que la chose fut possible. Cela permit de présenter aux Expositions de 1827 et de 1834, des tapis moquettes de trente-deux pouces de large, ainsi que le constate le *Journal de l'Industrie française,* en 1834.

En même temps, on s'appliquait à faire le tapis à

haute lisse, et la maison de Paris qui avait la garde et l'entretien du garde meuble de la couronne, fut appelée à apporter dans la fabrication, des changements aux tapis qui avaient été tissés sous le premier Empire.

Ces changements, imposés du reste par les événements qui se succédaient, s'opéraient un peu partout. On enleva les trophées d'armes et les N, pour les remplacer par les fleurs de lys et les deux L accolés ; et plus tard, ces emblêmes furent remplacés à leur tour sur les tapis par des coqs gaulois.

En 1825, on tissa à la Manufacture d'Abbeville, le grand passage, large de près de trois mètres, destiné à être déroulé dans la cathédrale de Reims, pour le sacre de Charles X qui eut lieu le 29 mai.

Pour servir à une cérémonie aussi solennelle, il fallait que la réputation de nos tapis fût largement acquise.

La mort prématurée de M. P.-A. Vayson, remit entre les mains de son frère M. Vayson, la direction unique de la fabrique d'Abbeville et de la maison de Paris.

Quelque temps après, la Manufacture prit un brevet pour l'invention de la double duite, elle consistait en un croisement particulier entre les fils de chaîne et les fils de la trame, de façon à tenir la laine par deux fils au lieu de la tenir par un seul, ce qui lui donnait ainsi plus de solidité.

Le travail ainsi qu'on le voit, se perfectionnait de plus en plus, et en attendant les Expositions nationales qui s'ouvraient alors à Paris, tous les cinq ans, la fabrique d'Abbeville envoyait de remarquables produits dans les Expositions de Douai, d'Arras, de Boulogne, et ses voyageurs en répandaient dans toutes les villes de France.

Une Exposition industrielle eut aussi lieu à Abbeville en 1833 et mérite une mention spéciale. Elle inspira M. Boucher de Perthes, Président de la Société d'Émulation d'Abbeville.

Dans un discours adressé aux ouvriers de la ville,

après avoir abordé quelques considérations générales sur l'avantage du travail et sur le moyen de le rendre fructueux, envisageant l'avenir, il provoquait l'ouverture des Expositions universelles dans les termes suivants :

« Pourquoi craignons-nous d'ouvrir nos salons aux Manufacturiers étrangers, aux Belges, aux Anglais, aux Suisses, aux Allemands, qu'elle serait belle, qu'elle serait riche, une Exposition Européenne ; quelle mine d'instruction elle offrirait pour tous, et croyez-vous que le pays où elle aurait lieu y perdrait quelque chose ? »

La pensée de M. Boucher de Perthes a été recueillie, et on l'a fait fructifier, mais il était juste de rappeler qu'elle a germé et pris naissance à Abbeville. Ce n'est qu'en 1834, que Amédée Couderc proposa une Exposition universelle sur l'emplacement de la butte Montmartre, et qu'il fit sculpter son projet, lui occasionnant des dépenses qui hélas ! le ruinèrent.

M. Randoing fut le rapporteur des travaux du jury de l'Exposition Abbevilloise et, dans son compte-rendu, s'occupa avec intérêt de la marche industrielle de notre pays à diverses époques.

Le rapport indiquait que les tissus d'Abbeville, classés dans la 3e division, furent représentés par les exposants suivants :

MM. Boval.
Mellier-Deribeaucour.
Daverton.
Tholomé.
Depoilly.
Alkin.
Daverton-Glachant.
Vayson.
Lemaire.
Randoing.

Ces trois derniers exposants en leur qualité de membres du jury étaient hors de concours.

Voici quelle était l'appréciation du rapporteur au sujet de la Manufacture de tapis :

N° 39. — M. Vayson fabricant de tapis à Abbeville.

M. Vayson, ayant bien voulu aider du concours de ses lumières et de son excellent jugement, a désiré qu'il ne fut pas fait mention de ses magnifiques produits. Nous obtempérons à son désir, en observant toutefois que ce que nous pourrions dire, n'ajouterait rien à leur perfection si justement et si généralement appréciée.

A l'Exposition d'Abbeville, on trouvait dans la section des Beaux-Arts, deux artistes industriels, MM. Pontus et Dubos, tous deux attachés comme dessinateurs à la fabrique de tapis.

La Manufacture continuait à améliorer sa fabrication, à suivre et à précéder les exigences de la mode, ses produits se montrant avec éclat aux Expositions régionales, à Douai, Arras, Boulogne, aux Expositions nationales de Paris de 1839, de 1844, ou elle recevait la grande médaille d'or et le rappel de cette même médaille.

Voici quelles furent les appréciations du Jury en 1839 :

M. Vayson possède un des établissements les plus importants de la France, il occupe régulièrement plus de trois cents ouvriers. Tout est organisé dans ses ateliers sur une grande échelle, et la qualité de ses produits répond à l'importance de la fabrication. — Le Jury décerne à M. Vayson une médaille d'or.

Et à l'Exposition de 1844, avec le rappel de la grande médaille d'or, le rapporteur ajoutait :

Les produits qu'il a exposés cette année, fort admirés des connaisseurs, ont dignement soutenu la réputation de M. Vayson et justifié de tout point la haute récompense dont ce fabricant distingué a été l'objet ; le Jury lui décerne le rappel de la médaille d'or.

En même temps, les artistes industriels appelés à créer les nouveaux dessins de tapis, s'entouraient de tous les documents nécessaires dans le but de créer des compositions de style.

On étudiait sérieusement le style de chaque époque, l'arrangement de toutes ses parties constituées, on agrandissait les compositions ; au lieu de rester dans les limites étroites anciennes.

On fit alors des tapis au coloris, ton sur ton, ou camayeu, qui présentèrent une si grande richesse dans l'ameublement, on fit aussi les premières compositions appelées les mi-coloris ; bientôt le goût se portant vers les formes et les coloris des tapis dits de Smyrne et de Turquie, on copia leurs formes, et on appliqua leur coloris à la fabrication de la moquette.

Aucune fabrique n'étudia ce genre de tapis, avec plus de soin et n'apporta une plus grande réussite à leur exécution que la Manufacture d'Abbeville, ce fut un véritable succès pour M. Maximilien Vayson.

A cette époque, deux nouveaux systèmes de fabrication venaient d'être inventés et appliqués en Angleterre, l'un la fabrication imprimée sur chaîne à Halifax, l'autre la chenille tissée à Glasgow.

La fabrique d'Abbeville se préoccupa de cette dernière invention, M. J. Vayson se rendit en Angleterre et ramena des ouvriers qui commencèrent cette fabrication dans les ateliers de la chaussée Marcadé en 1846.

Son introduction fut un grand bienfait pour l'industrie française, elle se répandit rapidement et prit une extension considérable entre autre dans la ville de Nîmes, ou plusieurs fabricants distingués l'appliquèrent à des tapis fort beaux et d'une grande richesse de colori. Nous pourrions citer ici les noms de MM. Flaisier et Arnaud Gaidan.

Le mérite de cette fabrication est d'employer dans le tissu, un nombre de couleurs pour ainsi dire illimité, tandis que dans la fabrication de la moquette le nombre en est limité.

Ces ateliers étaient sous la seule direction de M. J. Vayson, et ce fut sous son nom que les tissus nouveaux introduits par lui en France furent exposés en 1849 et récompensés par une médaille, la première obtenue par ce jeune fabricant.

Voici comment le rapport du Jury s'exprimait à son sujet :

> Il expose un tapis dit chenille, permettant l'emploi indéfini des couleurs, tapis d'un dessin régulier et d'un prix modéré, le plus grand de ce genre qui ait été envoyé cette année.

La révolution de 1848 suspendit brusquement toutes les commandes de tapis. Dans les moments de trouble, l'activité industrielle est généralement perdue. Afin de donner du travail aux ouvriers, on fabriqua d'avance diverses espèces de tapis bon marché, on fit aussi des couvertures pour employer les produits de la filature de Pont-Remy.

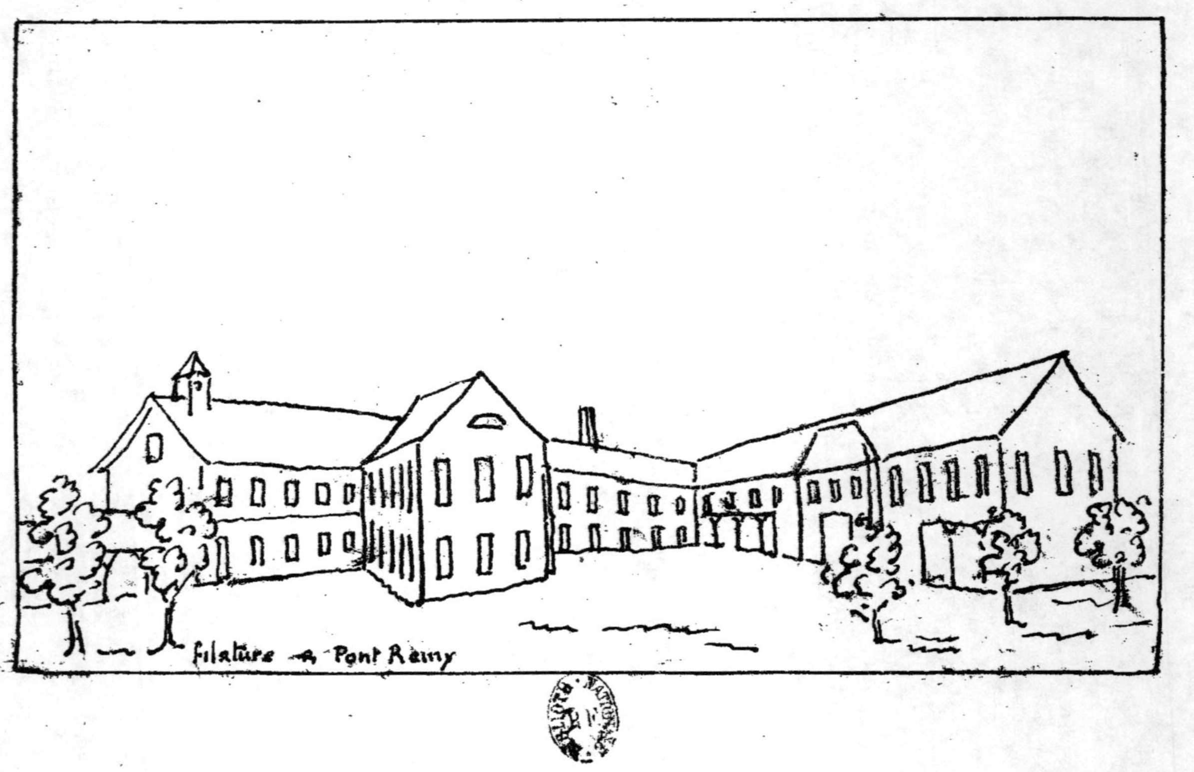
Filature de Pont Remy

VIII

La fabrication des tapis emploie les fils de laine, de chanvre, de lin et exige de grands approvisionnements de ces matières, aussi avons nous vu que Philippe Leclerc avait été autorisé à introduire en France sans payer de droits des beurres ou graisses pour le peignage des laines — nous avons vu également dans une note antérieure à 1786 que la Manufacture d'Abbeville employait pour la filature des laines et du chanvre quatre cents ouvrières répartis dans les villages. On procédait alors de la manière suivante :

La Manufacture des tapis d'Abbeville avait de grands approvisionnements à faire en laine et aussi en lin.

Pour la laine, on achetait chez le cultivateur, les toisons de ses moutons, on les soumettait à un triage pour assortir et réunir les qualités semblables.

Les communes avec les communes ;

Les fines avec les fines ;

Les longues avec les longues; etc.

Cette séparation, ce triage est indispensable pour obtenir un fil régulier homogène. Souvent c'étaient les petits marchands dits *houppiers* qui se livraient à ce commerce et vendaient ensuite les parties de laine soit après le peignage, soit avant.

Puis se présentait le travail de la filature qui, avec

les moyens que l'on employait alors, produisait un fil plus ou moins irrégulier, suivant l'habileté de l'ouvrier.

Pour le fil de lin, qui forme le fond ou base du tissu appelé moquette, l'opération était à peu près la même. Dans toutes les campagnes, les femmes filaient, tout comme l'avaient fait Tanaquil, la femme de Tarquin, et la reine Berthe, qu'Adenès a chanté dans une épopée de trois cent cinquante vers, et elles n'en étaient pas plus fières pour cela, il est vrai qu'elles n'avaient peut être jamais entendu parler ni de l'une ni de l'autre de ces reines.

Elles filaient au rouet, le lin et le chanvre, et il y avait autant de grosseurs et de fils divers que de fileuses.

Lorsque l'ouvrière avait pendant des soirées et des semaines fabriqué ainsi une certaine quantité de fil, elle l'apportait au marché d'Abbeville toute pimpante :

> Légère et court vêtue, elle allait à grands pas,
> Ayant mis ce jour-là, pour être plus agile
> Cotillon simple et souliers plats.

Elle vendait sa marchandise, et sans faire sans doute tous les rêves de Perrette, avec l'argent dont elle disposait, elle achetait quelques bottes de lin ; et rentrée à son village, elle recommençait à filer sous le chaume.

Ces explications montrent combien devaient être variées de grosseur, de torsion, les fils de laine ou de lin que l'on employait dans la fabrication des tapis.

Le désir d'avoir une fabrication régulière et suivie, faisait naître la création d'une filature montée avec les nouvelles machines dont on s'entretenait, et qui produisaient rapidement et mécaniquement des fils uniformes, bien réguliers, et pouvant donner un tissu suivi homogène, l'Angleterre venait d'appliquer à la filature de la laine peignée, des machines qui, depuis, ont été singulièrement perfectionnées, mais qui alors représentaient un véritable progrès.

Ce fut à ce système que M. Vayson s'arrêta. Seulement, la difficulté de l'installation en France était grande, l'Angleterre étant jalouse de conserver chez elle la spécialité de cette filature, et la supériorité que lui donnait ce monopole, avait sévèrement interdit l'exportation de ces machines, il fallait aviser.

M. Vayson choisit Pont-Remy pour son installation.

Pont-Remy est un village éloigné d'Abbeville d'environ sept à huit kilomètres, la Somme s'y divise en plusieurs bras, sur lesquels étaient établis de nombreux moulins à blé et à huile, les marées y remontaient chaque jour avant l'établissement du canal sur la rive gauche de la Somme et des écluses de Sur-Somme et de Saint-Valery.

Son origine est probablement ancienne, puisque déjà en 1345, Warvick et Geoffroy d'Harcourt tentaient de forcer le passage du pont, et furent repoussés.

Le château qui était considéré comme très important, offrait de grands moyens de défense.

Monstrelet nous apprend que par le commandement de Philippe-le-Bon, duc de Bourgogne, *furent ars et embrasés l'île et châtel de Pont-Remy, où il y avait moult belles habitations.*

Pont-Remy subit toutes sortes de vicissitudes, et fut sans cesse accablé de passage des troupes et dévasté.

Le château fut encore brûlé en 1638, au moment où on y préparait le souper de Richelieu ; mais le hameau ne gardait plus aucune trace de ses malheurs passés, au moment où M. Vayson vint s'y installer. Il visita le village en manufacturier, il vit un bourg peu peuplé, mais agréable, gaiement situé sur une rivière qu'il pouvait utiliser, entendit peut-être parler de la réputation de ses anguilles, devint acquéreur d'un moulin, fit construire une roue hydraulique et des ateliers de filature.

Les métiers achetés en Angleterre, ne purent parvenir en France, que successivement et par fraction ; on parvint à les faire sortir malgré la vigilance de la douane anglaise, leur exportation comme nous l'avons dit, étant sévèrement défendue.

Sur ces modèles, d'autres machines furent construites par les mécaniciens français réunis à Pont-Remy, et bientôt la fabrique de tapis d'Abbeville fut alimentée des fils de lin et de laine filés à Pont-Remy pour ses besoins spéciaux.

Ce genre de métier fut appliqué jusqu'en 1855, mais alors la filature française avait réalisé de grands progrès, inventant des machines préférables à celles importées d'Angleterre et on commença à changer de nouveau tout l'outillage, ce fut l'œuvre de J. Vayson.

L'établissement de M. Vayson à Pont-Remy, fut, il est juste de le reconnaître, le point de départ de l'avenir industriel de ce petit pays auquel aucun manufacturier jusqu'ici n'avait pensé.

Une usine vint s'y établir pour la transformation du phormium; c'était un nouveau textile importé de l'Inde, dont l'emploi devait prendre une grande extension, surtout lorsqu'il fut remplacé par son succédané le jute, autre plante de l'Inde, mais qui donne une fibre plus déliée que le phormium, et une filature plus facile.

L'usine de phormium de Pont-Remy, se transforma au bout de peu de temps, en filature de lin et d'étoupes. Plusieurs Sociétés se succédèrent dans cet établissement, avec des chances diverses de réussite. On y adjoignit plus tard une nouvelle filature, puis un tissage de toile, et l'usine devint un des grands établissements de la vallée de la Somme.

M. Vayson était donc installé à Abbeville et à Pont-Remy, le peignage des laines était entre les mains d'une foule de petits industriels ou ouvriers appelés houpiers, et se travaillait à la main; mais avec le développement de l'industrie, on comprenait que l'on devait se préoccuper d'une production plus rapide et plus uniforme.

On se livrait à des essais en France et en Angleterre pour atteindre ce but.

Parmi les inventeurs, nous rappellerons le nom de M. Lister de Bradford, qui se rendit à Abbeville où il voulait installer ou dans les environs, le premier peignage mécanique qui fut ensuite créé à Saint-Denis, puis à Reims.

A la même époque M. Augustin Vayson allait en Angleterre, pour étudier les divers systèmes de peignage qui se modifiaient chaque jour.

A son retour, il apporta le résultat de ses travaux et de ses investigations aux grands établissements de peignage qui se montaient dans le département du Nord, où cette industrie a pris un immense développement.

Pendant ce temps, l'outillage de la filature était graduellement modifié par M. J. Vayson, et favorisait la filature des laines d'Afrique et des Indes, apparaissant chaque jour en plus grande quantité sur le marché français.

Lorsque la filature fut ramenée de Pont-Remy à Abbeville, le matériel était complètement transformé.

Nous nous sommes toujours servi du terme générique de tapis pour indiquer les produits de la Manufacture royale de tapis, sans appliquer les divers noms employés pour indiquer les diverses espèces de tapis qui ont été fabriqués, bien que la fabrication de la moquette ait toujours été la base de la fabrication.

Selon les époques et selon les demandes des consommateurs on a tissé des étoffes très différentes.

Souvent même quelques légers changements apportés par les contremaîtres produisaient un tissu un peu différent qui prenait un nom particulier afin de le distinguer des autres : le jaspé, le double tissu, le bouclé, la moquette fine frisée, le velours de laine, etc., etc., prenaient place successivement dans les ateliers à côté de la fabrication de la moquette, de la chenille, de la tapisserie, dite d'Aubusson, etc.

IX

Nous avons dit qu'en 1846, M. J. Vayson avait installé des ouvriers anglais, pour fabriquer le tapis chenille, et que ce genre de tapis lui avait valu une médaille à l'Exposition de 1849.

Après la Révolution de 1848, ce manufacturier s'occupa de la direction des deux établissements, et au mois de mars 1850, la Manufacture royale de tapis d'Abbeville passa entièrement entre ses mains, sous la raison sociale : *J. Vayson.*

A partir de ce moment, plusieurs changements eurent lieu, on prépara des débouchés plus importants.

La moquette fine, dite de velours de laine pour meuble prit une grande extension, et par l'emploi de belles matières, on produisit un tissu très fin, soyeux et de haut ameublement, on établit un nouvel atelier pour le tissage de ces tapisseries.

La Manufacture, jalouse de maintenir et même de développer sa haute renommée, s'adressa pour la composition de ses dessins, à des artistes peintres industriels qui ont laissé à cette époque une trace de leurs œuvres fort appréciée, surtout par le mérite de l'invention, de l'arrangement bien ordonné des sujets et des coloris.

Nous citerons parmi eux : MM. Grandbarbe, Henry Adam, Couder, Julien, Chebeaux, etc., etc.

Pour toutes ces compositions, on se mettait du reste d'accord avec les maisons de vente qui savent, comme disait Montesquieu, que les modes sont un sujet important, et qu'à force de se rendre l'esprit frivole, on augmente sans cesse les branches de son commerce.

On s'efforçait de produire de riches dispositions répondant exactement aux goûts de la clientèle de chaque maison, goûts souvent variables et qu'il était bon d'étudier, avec une certaine promptitude de discernement.

On avait vu la magnifique Exposition universelle du Palais de Cristal, on se préparait avec un irrésistible élan pour l'Exposition qui allait s'ouvrir à Paris en 1855, qui inspirait le désir de faire pâlir si cela était possible, l'éclat de celle de Londres.

Nous parlerons à son heure, dans le chapitre des Expositions des produits exposés, mais nous pouvons dire toutefois que le tapis principal envoyé par la Manufacture d'Abbeville était à fleurs colossales, à immense feuillage, imaginé pour tenir brillamment sa place dans les vastes bâtiments ou tant de choses remarquables pouvaient échapper à l'attention.

Ce tapis était en chenille, c'est-à-dire avec la palette libre permettant les recherches de coloris les plus variés.

L'impression publique fut excellente et se traduisit par une appréciation qui mérite d'être reproduite :

> M. J. Vayson est le seul fabricant présentant un tapis qui soit en rapport avec les grandes galeries de l'Exposition.

La Manufacture développait alors une très grande activité, et on en profitait sagement et généreusement pour rendre le travail agréable à tous par une rétribution équitable et rémunératrice.

On n'était plus au temps où l'intendant Bignon, dans un mémoire de 1698, disait que le salaire des ouvriers variait de dix à quinze sous par jour ; ni en l'année 1787, où l'ouvrier et sa femme ne gagnaient guère généralement que sept livres dix sous par semaine. Les besoins avaient augmenté, on savait en tenir compte ; aussi une enquête faite à l'époque où M. J. Vayson dirigeait la Manufacture des tapis pendant les expositions dont nous parlons, vint-elle constater que le salaire des ouvriers de cet établissement *était le plus élevé de la circonscription.*

Plusieurs de ces modestes travailleurs furent envoyés à l'Exposition de Paris, afin de pouvoir en constater les merveilles, mais aussi pour se rendre compte de la manière dont on pouvait apprécier des œuvres auxquelles ils avaient intelligemment mis une main exercée et dont ils pouvaient être fiers.

Le jury décerna à la fabrique une médaille de première classe, et voici le jugement qu'il portait :

L'attention se repose avec satisfaction sur les tissus de M. J. Vayson, — de belles moquettes, de très beaux tapis veloutés composent l'Exposition de M. J. Vayson, — son tapis semé de bouquets est très remarquable ainsi que ses beaux tapis rouge et noir et imitation Turque.

Deux ans après, par suite de dissentiments de famille, M. J. Vayson qui était propriétaire du matériel industriel des usines d'Abbeville et de Pont-Remy, mais qui n'était pas propriétaire des terrains et des bâtiments, était obligé de construire de nouveaux ateliers.

Ce fut là l'origine de l'établissement de la rue Pados.

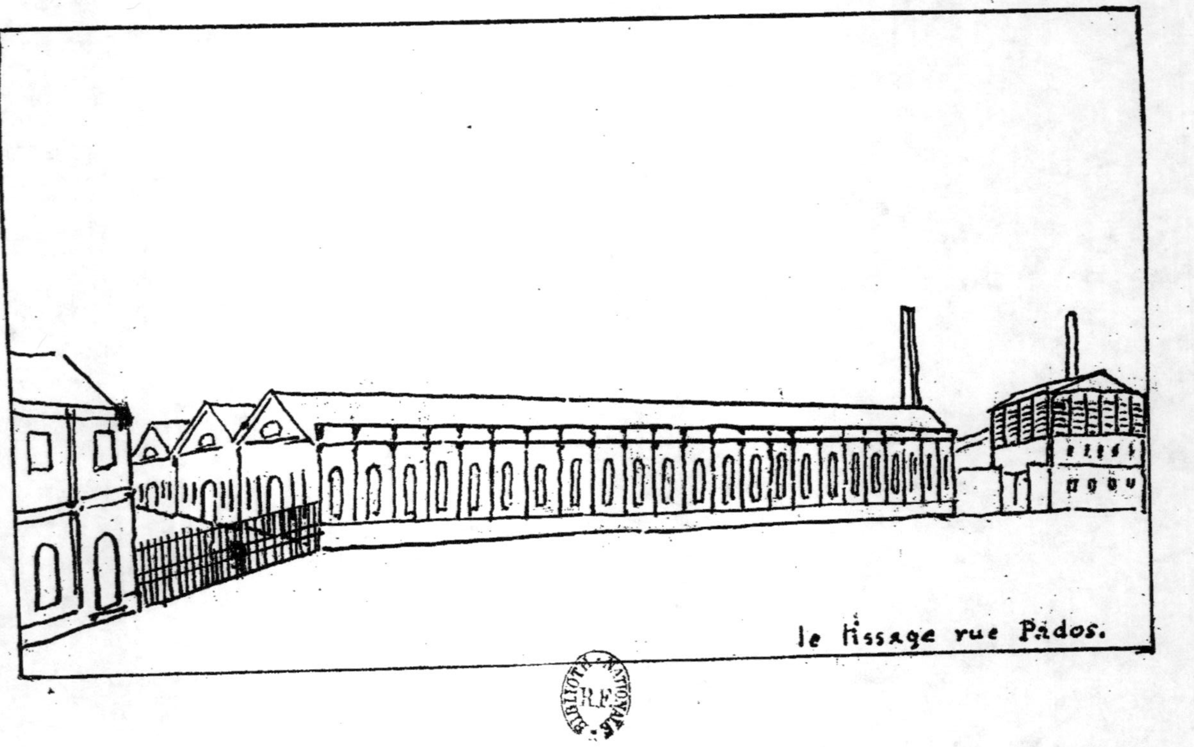
le tissage rue Pados.

X

La nécessité dans laquelle M. J. Vayson se trouvait de construire une usine pour y installer tous les métiers, tout le matériel industriel, qui était à Pont-Remy, aux Villancourt et à la chaussée Marcadé, réclamait de vastes terrains.

Les quelques métiers d'apprêts qui se trouvaient au moulin de la rue Pados, furent l'amorce qui provoqua la jonction des nouvelles constructions.

L'emplacement avait l'avantage de permettre d'édifier la teinturerie sur le même cours d'eau qui lui servait depuis près de deux siècles, et auquel on attribuait en partie, la vivacité et la solidité des couleurs obtenues.

Bientôt un vaste atelier de tissage de 100 mètres de long sur 30 mètres de large, s'était édifié et rempli de métiers.

Les constructions générales de cette nouvelle usine, étaient disposées de la façon la plus pratique; de telle sorte que la matière brute entrant d'un côté, sortait de l'autre, fabriquée et prête à la vente, sans qu'il y ait eu perte de temps, ou de manutention, au milieu d'une surveillance et d'un contrôle faciles.

En même temps, le montage des métiers était unifié, simplifié, et autant qu'on le pouvait, le fer remplaçant le bois; puis des dispositions nouvelles pour les apprêts des tissus étaient appliquées avec succès, et la construction d'une nouvelle teinturerie et de nouveaux séchoirs, marchait parallèlement.

Puis, afin d'amener dans la ville d'Abbeville une fabrication très artistique, s'accordant avec la fabrication des riches tapis de pied auxquels on travaillait, M. J. Vayson fit venir d'Aubusson plusieurs ouvriers, afin qu'ils formassent des apprentis dans le but d'établir des étoffes pour meubles, des panneaux, des tentures, etc.

C'est alors que l'on tissa la bannière de la fabrique, accompagnant les ouvriers dans les réunions, les fêtes, où la Manufacture doit être représentée.

Cette bannière porte les noms des prédécesseurs de M. J. Vayson, avec les trophées d'instruments de tissage, les armoiries de la ville d'Abbeville, les récompenses obtenues par la Manufacture, et au centre, le bâton de maîtrise de la date de la fondation.

L'inauguration des nouveaux ateliers rue Pados, donna lieu à une fête. Pendant cette période si laborieuse, ainsi que nous l'avons dit d'autre part, M. J. Vayson était appelé au Conseil municipal, au Tribunal de commerce et à la Chambre de commerce, les graves intérêts de la fabrication n'en souffraient pas, les produits de la Manufacture s'étalaient brillamment aux concours des Expositions françaises et à l'étranger.

Nous ne pouvons citer toutes les appréciations élogieuses adressées par les jurys à la fabrication abbevilloise de nos tapis, nous en rapporterons seulement quelques-unes prises au hasard au milieu des documents que nous avons demandés et que l'on a bien voulu nous communiquer gracieusement.

Dans un suivant chapitre, nous donnerons de plus amples renseignements qui permettront de juger des efforts tentés pour maintenir la réputation acquise et même la développer encore.

A propos de l'Exposition d'Angers, on s'exprime ainsi :

..... Figuraient de merveilleux tapis de laine de l'établissement d'Abbeville qui a toujours su maintenir un rang exceptionnel, et son propriétaire actuel, M. J. Vayson, a su lui donner une nouvelle importance. Nous regrettons bien sincèrement que la position hors de concours qu'il a acceptée en voulant bien aider de ses lumières les travaux du Jury, ait empêché la commission générale d'octroyer à cet industriel de premier ordre, le diplôme d'honneur que la voix publique lui décernait, si sa maison n'avait obtenu déjà la plus haute récompense que puisse ambitionner un homme pour prix de ses efforts, en vue du développement de la richesse nationale.

Voici comment on finissait un compte-rendu dans le *Mémorial d'Amiens:*

Terminons l'Exposition des velours d'Utrecht en signalant les merveilleux produits de la Manufacture de M. J. Vayson, d'Abbeville..... M. Vayson qui ne néglige rien de ce qui peut apporter dans la fabrication des tissus un perfectionnement quelconque, s'est attaché surtout à donner à ses produits une couleur artistique qui le fait distinguer parmi ses rivaux, aussi ne sont-ce pas des tapis qu'il envoie à l'Exposition, mais des tableaux.

A propos de l'Exposition de Toulouse, la *Revue industrielle et artistique*, nous faisait les révélations suivantes, offrant un intérêt tout spécial à cause de la façon dont les ouvriers sont traités dans l'établissement.

M. J. Vayson a envoyé à l'Exposition de Toulouse plusieurs dessins de tapis moquettes, des tapis raz, des tapis turcs ; tous ces dessins sont très beaux et d'une belle exécution, mais la Manufacture d'Abbeville ne se préoccupe pas seulement de la perfection de ses produits, elle se préoccupe aussi du sort de ses travailleurs, et elle a créé, en vue de venir en aide à ses nombreux ouvriers, des réfectoires, des écoles, des caisses de secours, etc.

M. J. Vayson étant membre du Jury pour la section des tissus se trouve par conséquent hors concours, mais nous nous rappelons que déjà, à nos Expositions régionales de

Toulouse, cet industriel éminent a obtenu une grande médaille d'or, comme il a obtenu aussi dans des arènes plus vastes et aux Expositions universelles de grandes récompenses industrielles destinées aux hommes dont les efforts tendent chaque jour à développer par le travail notre richesse nationale.

Le *Constitutionnel* rendant compte d'une Exposition de 1855, imprimait dans ses colonnes :

M. J. Vayson d'Abbeville a obtenu une médaille de 1re classe à l'Exposition universelle.

L'Exposition de M.J. Vayson consistait en tapis moquettes, chenille et veloutés.

Les médailles de 1re classe sont les plus hautes récompenses qui aient été attribuées à ce genre d'industrie, la fabrication du genre Aubusson ayant seule obtenu des médailles d'honneur.

Après l'Exposition générale de Rouen, le *Moniteur des Expositions* s'exprime ainsi :

C'est dans la première de ces villes (Abbeville) que se trouve l'importante Manufacture de M. Vayson, riche déjà d'une grande médaille d'or à l'Exposition quinquenale de Paris, d'une médaille de 1re classe à l'Exposition universelle de Paris, d'une médaille de 1re classe à l'Exposition de Dijon, et d'une médaille d'or à celle de Toulouse en 1858.

M. Vayson que nous retrouvons à l'Exposition de Rouen expose :

1° Un tapis moquette, qualité imitation de tapis Turc et de Smyrne ;

2° Une moquette cachemire de divers dessins tons sur tons ;

3° Un tapis à fleurs, dit chenille, fleurs et fuyants ;

4° Un tapis d'un seul morceau, fabrication chenille ;

5° Un panneau tapisserie ;

6° Une moquette fine dite tapisserie pour meubles ;

7° Une vitrine particulièrement destinée à la filature ;

Tous ces spécimens portent le cachet du bon goût et

de la parfaite entente de fabrication qui a toujours distingué la Manufacture de M. Vayson, dont l'intelligence et les efforts ont amené bien des améliorations et des progrès dans l'industrie des tapis.

A l'Exposition universelle de Paris en 1867, la Manufacture avait exposé des tapis et des tapisseries, et entre autre, le portrait en pied de S. M. l'empereur Napoléon III.

Ce panneau fut donné au Tribunal de commerce de Saint-Valery par M. J. Vayson, président du Tribunal de Commerce d'Abbeville.

Mais, peu d'années après, les Prussiens, dans une réquisition faite à Saint-Valery, emportèrent cette tapisserie qui doit aujourd'hui se trouver à Berlin.

XI

Nous avons donné dans le précédent chapitre des extraits des appréciations faites sur quelques expositions de la fabrique de tapis d'Abbeville. Voici une liste qu'il nous a été possible de reconstituer en bloc, en cherchant à découvrir à quelles époques la manufacture avait obtenu des récompenses :

Paris 1802, médaille de bronze.
Paris 1823, Louis XVIII, médaille de bronze, médaille d'argent.
Douai 1831, médaille d'argent grand module.
Arras 1833.
Abbeville 1833, membre du Jury, hors concours.
Paris 1834, médaille d'argent grand module.
Douai 1834, médaille d'or.
Toulouse 1835, médaille d'or.
Amiens 1835, médaille d'or.
Paris 1839, médaille d'or.
Boulogne 1844, médaille d'or.
Paris 1855, médaille de 1re classe.
Toulouse 1858, médaille d'or de 1re classe.
Dijon 1859, médaille d'or de 1re classe.
Rouen 1859, médaille d'or de 1re classe.
Angers 1864, hors concours.
Bayonne 1864, hors concours.
Dublin 1865, grande médaille.
Toulouse 1865, membre du Jury, hors concours.

Bordeaux 1865, hors concours, vice-président de la 7e section.

Exposition Franco-Espagnole, — on décerne à M. J. Vayson la décoration de l'Ordre de Charles III d'Espagne, et la Société philomathique dans son assemblée du 2 février 1866, lui décerne le titre de membre honoraire.

Porto 1865, médaille de 1re classe, — décoration de l'Ordre du Christ du Portugal.

La Rochelle 1866, diplôme d'honneur.

Paris, Exposition universelle de 1867, médaille de 1re classe, décoration de Commandeur de l'Ordre de Grégoire-le-Grand.

Trieste 1871, médaille d'or.

Naples 1871, médaille d'or, chevalier de l'Ordre de la couronne d'Italie.

Lyon, Exposition universelle de 1872, — membre du Jury, — diplôme d'honneur, — hors concours, proposé directement par le Jury pour la décoration.

Vienne 1873, — médaille de mérite, grand module, et médaille de participation du Ministère de l'Agriculture et du Commerce.

Paris, Exposition universelle de 1878. — Médaille d'or, — décoration de la Légion d'honneur (décret du 18 octobre 1878).

Le rapport du Jury international groupe III annexe à la classe 21, constate que c'est la fabrique d'Abbeville, ainsi que nous l'avons dit d'autre part, qui, la première a appliqué la mécanique Jacquart aux tissages des tapis moquettes et que, dès l'origine des expositions des produits de l'industrie qui ont eu lieu à Paris depuis le commencement de ce siècle, en 1802, 1806, 1819, 1823, 1827, 1834, 1839, 1844, 1849, 1855, 1867, 1878, la Manufacture royale des tapis d'Abbeville a toujours exposé des produits qui ont été constamment l'objet de hautes récompenses; plusieurs médailles de collaborateurs ont été accordées aux ouvriers.

Bordeaux, Exposition Franco-Espagnole 1882, — hors concours, — membre du Jury, — président de section, —

diplôme d'honneur, — nommé commandeur de l'Ordre d'Isabelle et commandeur de l'Ordre de Charles III, — médailles aux collaborateurs.

Amiens 1886, inauguration du musée commercial dans les nouveaux bâtiments de la Société industrielle, la manufacture y envoie de nouveaux produits, et reçoit une médaille d'or.

Plusieurs ouvriers, à la suite des expositions, furent aussi l'objet de distinctions, car le patron s'accordait le paternel plaisir de faire ressortir leur mérite. Il donna le 25 janvier 1859 une fête dans la Fabrique pour la distribution des récompenses, qu'il transforma en solennité, dans le but d'honorer leur travail. Voici comment en parle l'*Abbevillois*.

Dimanche dernier, a eu lieu dans l'établissement des moquettes, la fête industrielle que nous annoncions dans un précédent numéro.

Sous la direction de M. J. Vayson, les ouvriers avaient disposé pour servir de théâtre à cette fête, un local spacieux, élégamment orné par des produits de la fabrication et des tapis aux couleurs vives, éblouissantes.

Attirée par cette richesse de décorations, la foule assiégeait avant midi les abords de l'établissement.

La Société chorale et la musique du 9e chasseurs ne tardent pas à arriver, et à midi et demie, M. le sous-préfet, M. le maire, MM. les présidents du Tribunal Civil et du Tribunal de Commerce, M. l'abbé Paillart et M. J. Vayson prennent place au bureau.

M. J. Vayson rappelle dans un exposé rapide, chaleureusement applaudi, le but de la réunion et les titres des ouvriers qui ont obtenu des récompenses.

M. le sous-préfet prend la parole et développe quelques pensées pleines d'à-propos.

M. Randoing lui succède, et rappelle à l'ouvrier ses devoirs au triple point de vue de la famille, de l'atelier et de la Société.

Ses paroles parties du cœur, impressionnent vivement les nombreux ouvriers qui l'écoutent.

Le *Pilote de la Somme,* après un compte-rendu élogieux de la cérémonie, s'exprime ainsi :

Les noms des lauréats ont été proclamés par M. Courbet-Poulard, avec tous les titres d'honneur qui leur avaient mérité les récompenses qu'ils allaient recevoir.

Les lauréats sont :

1° Gorenflos (Théophile-Joseph), contre maître, 42 ans de service dans la manufacture, où il a apporté d'importants perfectionnements dans le montage des métiers. Gorenflos a été envoyé par la Chambre de Commerce d'Abbeville à l'Exposition universelle de 1855, — il a obtenu une médaille de bronze à l'Exposition de Dijon.

2° Duvanel (Louis-Charles-Paul), a obtenu une médaille de bronze à l'Exposition de Dijon. — Ouvrier intelligent et qui a rendu de grands services dans l'installation d'une nouvelle fabrication de tapis.

3° Buignet (Ferdinand), de rattacheur qu'il était, est devenu contre-maître et a apporté des perfectionnements notables aux métiers à filer, — il a obtenu une médaille à l'Exposition de Toulouse.

4° Langlet (Rosalie), 21 ans de service, direction habile d'un nouveau tissage, — a obtenu une médaille à l'Exposition de Toulouse.

5° Leullier père, a obtenu une médaille à l'Exposition de Toulouse, pour les services rendus dans la construction des machines, pour soins et dévouement depuis trente ans (1).

Plus de mille personnes de toutes conditions se pressaient à cette cérémonie industrielle qui fait le plus grand honneur à M. Vayson.

Comme il est bon de laisser un souvenir des résultats constatés dans les Expositions à l'étranger, nous allons, pour terminer ce chapitre, transcrire le compte-rendu du *Courrier de Marseille* jugeant pendant l'exposition de Naples les produits de la fabrication abbevilloise de M. J. Vayson :

(1) Nous retrouverons plus loin ces noms, dans le tableau général des récompenses attribuées aux ouvriers pendant les Expositions, au chapitre XIV.

Je continue la revue des produits français de l'Exposition de Naples, en commençant ma correspondance d'aujourd'hui, par les superbes tapis de la maison J. Vayson d'Abbeville (Somme), tout le monde sait en France, que la manufacture d'Abbeville est une des plus anciennes, elle fut fondée en 1667 par lettres patentes de Louis XIV et a servi de type à toutes celles qui ont été créées après.

La filature de la laine, la teinture, le tissage, la composition des dessins, les apprêts, etc., tout se fait dans l'établissement dont la fabrication spéciale se compose : des tapis de moquettes, pour voitures, appartements, foyers, etc... des carpettes, des tapis appelés jaspés, des tapis genre Aubusson, de la tapisserie pour meubles, panneaux de tenture, etc.

Quatre magnifiques tapis et des bandes de tapis, sont exposés par M. J. Vayson, et tous sont plus remarquables les uns que les autres par les richesses des dessins et des couleurs.

Un surtout, se distingue entre tous, et doit être mis hors ligne, il a été fait spécialement pour l'Exposition de Naples, il est orné des armes d'Italie et porte le nom des principales villes du royaume, y compris Rome capitale. Il est probable que cette œuvre d'art sera acquise par le Roi, ou par quelque grande administration de l'Etat.

Le Jury se propose d'accorder une médaille d'or à M. J. Vayson, c'est peu pour un exposant qui, depuis vingt quatre ans qu'il est à la tête de cette fabrication, a obtenu je ne sais combien de médailles d'or et d'argent, qui est chevalier de la Légion d'honneur, de Charles III d'Espagne, du Christ de Portugal, et commandeur de l'Ordre de St-Grégoire le Grand ; qui a été membre du Jury dans plusieurs Expositions, qui est membre de la Chambre de Commerce, président du Tribunal.

Il nous semble que la croix de SS. Maurice et Lazare n'aurait pas été déplacée sur la poitrine d'un tel industriel, dont les produits sont d'ailleurs bien connus en Italie.

Ces souvenirs embellissent notre histoire locale, et la bonne ville d'Abbeville, en les recueillant, peut avec raison s'enorgueillir de tous ces succès obtenus par la fabrication de nos tapis.

XII

L'année 1867 vit éclore, pour la Manufacture de tapis, l'occasion d'une centralisation nouvelle importante.

Au moment ou de nouvelles constructions considérables allaient s'édifier, sur l'emplacement du plan des Villancourt, la grande usine dite des Rames fut mise en vente.

Ce vaste établissement avait été fondé sous les auspices de Colbert, ainsi qu'en témoignent des lettres patentes du mois d'octobre 1665, accordant pour vingt ans, différents privilèges aux Van Robais, appelés de Middelbourg par le grand Ministre pour fabriquer des draps fins, façon d'Espagne, de Hollande, d'Angleterre, etc.

La ville d'Abbeville possédait jadis de nombreux ateliers de draperie commune; Colbert, pour y favoriser le développement de l'industrie nationale, voulut y joindre la draperie fine.

L'établissement des Van Robais, puissamment soutenu, prospéra et grandit bientôt, ce qui était d'autant plus nécessaire que la draperie n'était plus une des branches les plus importantes de notre industrie locale.

Un mémoire présenté par la commune d'Abbeville en 1664, atteste, dit M. Louandre, qu'à cette époque l'industrie de cette ville avait souffert et qu'elle était en voie de décadence, les marchands de l'Artois et du Boulonnais avaient déserté ses marchés. La plupart des fabriques étaient fermées et personne dans le pays n'était en mesure d'en établir de nouvelles.

Ce malaise était, dit-on, la suite des troubles civils et religieux du siècle précédent, des contagions et du taux élevé des octrois.

Depuis sa fondation en 1665 jusqu'à la Révolution, l'usine des Rames ne compta que des années de prospérité et resta entre les mains des divers membres de la famille Van Robais.

A partir de cette époque, l'établissement subit une autre impulsion, plusieurs personnes s'y succédèrent, MM. Quesnel et Grandin, fabricants à Elbeuf, à qui la Manufacture fut cédée en avril 1804, puis MM. Lemaire et Randoing.

Au milieu de ces changements, la Manufacture des Rames périclita, car elle eut à lutter contre les grands établissements qui s'étaient créés dans les villes de Louviers, d'Elbeuf et de Sedan, l'établissement, cependant, jouissait encore de sa vieille réputation surtout pour les draps noirs.

M. Randoing, le propriétaire d'alors, mit cette usine en actions, mais les résultats de cette combinaison ne furent pas heureux.

Chaque jour, l'usine avait à lutter contre de nombreux industriels qui produisaient mieux comme prix et comme perfection de tissus. Le travail du foulage des draps se faisait à une annexe de la fabrique située à Ancennes sur la Bresle.

On attribua le manque de réussite dans la fabrication, à la qualité des eaux de la rivière de Bresle employées pour le foulon et on creusa un puits artésien extrêmement remarquable, qui alla à une grande profondeur chercher la nappe d'eau qui se trouve dit-on sur la couche de grès vert; on obtint ainsi, une source jaillissante d'un fort volume qui fut employée au foulage; le résultat ne fut pas meilleur.

D'autres faits exercèrent leur influence sur l'établissement; l'Empire venait d'entrer dans une voie économique nouvelle.

Aux idées de protection et de prohibition, succédaient les idées du libre échange; un traité était conclu avec l'Angleterre, il fallait tenir tête à l'étranger.

Afin de permettre aux industriels français de renouveler leur outillage et d'appliquer les nouvelles machines employées par les concurrents des autres contrées, le Gouvernement mit une quarantaine de millions à la disposition de nos fabricants nationaux à titre de prêt, afin de leur permettre d'opérer rapidement les changements réclamés dans leurs systèmes arriérés.

M. Randoing, maire et député, avait obtenu un prêt de trois cent mille francs qui furent absorbés par les besoins de l'industrie, mais ils ne purent suffire à rétablir cette grande ère de prospérité industrielle dont l'établissement avait joui dans le passé.

Une liquidation eut lieu, dans laquelle les actionnaires perdirent les fonds qu'ils avaient versés dans l'affaire, mais afin de ne pas fermer l'usine, afin d'ouvrir une issue à quelque combinaison nouvelle, toujours plus facile à former avec un établissement fonctionnant, qu'avec des ateliers fermés; on pria un industriel d'Elbeuf, d'entretenir un peu d'activité dans l'usine; en utilisant les machines et une partie du personnel.

Cet arrangement ne donnait satisfaction ni aux actionnaires, ni aux intérêts du trésor, qui depuis plusieurs années ne recevait pas les annuités de remboursement du prêt dont nous avons parlé.

Le gouvernement, afin de rentrer dans ses avances, poursuivit la vente de l'usine qui eut lieu à la barre du tribunal civil de la Seine et qui devint par suite de l'adjudication, la propriété de M. J. Vayson.

L'industrie de la draperie commune, avait abandonné Abbeville depuis longtemps, l'industrie de la draperie fine disparaissait à son tour.

Avec les conditions, les restrictions dans lesquelles se présentait la vente de l'usine, il était impossible à un fabricant de draps, de faire reprendre la marche de cet établissement, sans le transformer de fond en comble, car il eut fallu renouveler le matériel, rappeler le personnel qui s'était éloigné, et créer des relations nouvelles avec les anciens clients; combinaisons auxquelles on ne pouvait guère songer.

Ce fut véritablement un bienfait pour Abbeville que cette usine devînt la propriété d'un industriel de la ville, décidé à y installer un établissement nouveau, une filature de laine qui avait fonctionné à Pont Remy et que l'on ramenait dans notre cité.

La mauvaise situation de la fabrique de draps avait forcé un grand nombre d'ouvriers de partir du pays pour aller travailler à Elbeuf ou à Louviers.

Quant à ceux qui restaient dans notre ville presque tous désœuvrés, et aussi disposés à la quitter, le plus grand nombre fut de suite employé à la nouvelle usine.

Les ouvriers fileurs ainsi que les tisserands n'eurent pour ainsi dire pas d'apprentissage à faire, ils trouvèrent de l'emploi dans les ateliers, qui, au dire de la dernière enquête sur le travail, — *enquête faite par le gouvernement,* — avaient le personnel le plus rémunéré de la ville, la journée des ouvriers étant plus payée que dans les autres industries.

La fabrique des Rames avait été bâtie, ateliers et hôtel, d'une façon grandiose, probablement sur les plans de J. Hardoin-Mansart, architecte et surintendant des bâtiments du roi.

Le lavage des laines s'opérait sur une construction flottante, placée sur la Somme avec l'eau courante et à proximité de la teinture, le foulonnage s'exécutait à

Ancennès. — La construction de l'hôtel remonte exactement à 1712.

A cette époque, les écluses de Saint-Valery n'existaient pas, la marée libre montait jusqu'à Abbeville, et même au-delà, aussi dans la construction avait-on ménagé plusieurs grandes douves qui communiquaient avec la Somme et facilitaient l'écoulement des eaux.

Une construction placée dans le jardin servit dit-on de temple et peut-être de cimetière aux ouvriers protestants venus de Hollande.

Un établissement ayant deux siècles d'existence ne peut se passer de légende, la Manufacture des Rames a la sienne, comme les vieux châteaux, comme le Juif-Errant, comme Geneviève de Brabant, comme les quatre fils Aymon et leur cousin Maugis.

Les jeunes ouvrières en tapisserie, avaient toutes entendu raconter cela ; quelquefois en frissonnant, quand les anciennes ouvrières en draps, les nopeuses et les épinceuses, faisaient confidence de leurs souvenirs.

Elles prétendaient que parfois, par les sombres nuits où fourmillent dit-on des mystères effrayants ; et même par les belles nuits radieuses, éclairées par les rayons argentés de la lune, ou l'on voit les étoiles s'incruster au ciel comme des clous d'or, une vieille ouvrière appelée Rosette, morte depuis au moins un siècle, comment ? personne n'a jamais pu le savoir, apparaissait tout à coup, glissant comme une sylphide, silencieusement dans l'espace.

Rosette n'avait point d'ailes transparentes, comme ces êtres mythologiques peuplant l'air dont nous parlent les poètes anciens ; elle se montrait naturellement, humblement, avec le costume de son temps ; long bonnet à barbes blanches, casaquin et jupon court, et de suite on la reconnaissait.

Pénétrant dans les ateliers, elle allait de métier en métier examinant le travail, agitant la tête pour témoigner son mécontentement ou sa satisfaction.

Si on voulait la suivre, elle faisait retentir un rire strident et moqueur; disparaissait comme une ombre au bout de l'atelier, pour reparaître de suite à l'autre extrémité.

Cette légende était parfaitement admise par les ouvrières, car plusieurs d'entre elles affirmaient avec une conviction profonde qu'elles connaissaient des ouvriers qui avaient vu Rosette, et elles prétendaient que lorsqu'on l'apercevait, cela portait bonheur.

XIII

Lorsque M. J. Vayson eut acheté les Rames, son premier soin fut de restaurer, de consolider tous les bâtiments négligés ou abandonnés depuis longtemps. Il fit aussi quelques constructions neuves.

Des changements considérables furent apportés dans l'aménagement des ateliers de filature, des ateliers de mécaniciens, pour l'entretien et la réparation des métiers, des ateliers de tapisserie pour tenture, panneaux ou meubles.

Il y eut bientôt environ soixante ouvriers et ouvrières pour cette fabrication spéciale qui demandait certaines aptitudes pour le dessin, pour le goût dans la disposition des couleurs.

On leur fit des cours de coloration, sur l'emploi, le numérotage et l'indication des couleurs ; et le soin que l'on prenait de les instruire, les disposa un jour à apporter un bouquet et un compliment, pour célébrer leur nouvelle installation ; ce qui prouve la satisfaction qu'ils éprouvaient.

Ce fut dans ces ateliers, que l'on tissa les principales pièces des Expositions de l'industrie.

Tout ce qui avait rapport au tissage mécanique, fut centralisé à l'usine des Rames, et tout ce qui avait rapport au tissage à la main, resta à l'usine de la rue Pados.

Les métiers mécaniques étaient bien perfectionnés et fort différents des premiers, venus d'Angleterre en 1852. On y apporta et on y apporte encore chaque jour des améliorations, car en industrie il n'est pas permis de s'arrêter.

L'Administration fut placée aux Rames, et un téléphone relia les deux établissements pour la rapide transmission des ordres; puis M. J. Vayson eut une idée des plus ingénieuses, qui certes a dû lui occasionner bien des recherches intelligentes, bien des soins et indique un goût naturel prononcé pour les belles choses et les choses curieuses.

Il réunit dans l'hôtel, dans son vaste et magnifique logement personnel, une grande quantité d'objets d'art, de souvenirs antiques et modernes, et en fit un véritable musée, grâcieusement ouvert aux personnes désireuses de s'instruire qui lui en faisaient la demande.

M. J. Vayson voulut inaugurer son installation aux Rames par une fête ouvrière dont nous parlerons plus loin, dans un chapitre spécial.

Qu'il nous suffise de dire pour l'instant, que Mgr Boudinet, évêque d'Amiens, se trouvant de passage à Abbeville prit part à la fête.

Il se fit un plaisir de se mêler paternellement aux travailleurs, et leur prodigua les encouragements par de bonnes et aimables paroles allant au cœur.

Mais le temps des agapes passagères et les douceurs que peut donner le calme de la paix par les bénéfices du travail, sont hélas! troublés quelquefois inopinément.

La guerre en exerçant ses ravages dans le pays, causa une perturbation profonde au milieu des affaires, et fit peser son influence sur la fabrication des tapis; mais lorsque la France ayant payé sa rançon à l'Allemagne, put songer à réparer ses désastres, les besoins du luxe inhérents à notre nation, se firent sentir en même temps qu'une apparente sécurité semblait revenir; seulement des changements s'étaient produits dans les goûts et dans les habitudes.

Il y avait une tendance générale au bon marché qui fit demander des tapis de prix moins élevés, on employa de nouvelles matières, on modifia les métiers mécaniques en vue d'une production nouvelle plus rapide et plus économique.

Chacun s'appliquait à trouver quelque nouvelle et heureuse combinaison. Deux ouvriers mécaniciens à l'esprit délié, les nommés Lafillé et Clermont, sur les indications du directeur, M. Hénot, firent plusieurs véritables perfectionnements que M. J. Vayson était heureux de signaler à tous les ouvriers réunis au moment de la fête annuelle de la fabrique.

On abandonna les dessins de style bien arrêtés, pour entrer dans le domaine de la fantaisie. En même temps, l'introduction plus grande des ouvrages de Chine et du Japon apportait de nouvelles idées, et des changements dans le goût de l'ameublement.

Le système des affaires s'était modifié et la manufacture avait été obligée d'établir des représentants à poste fixe, à Paris, à Lyon, à Bruxelles, en Suisse, en Hollande, mais l'Administration générale restait toujours à Abbeville.

Pendant l'année 1886, la Société industrielle d'Amiens dont M. J. Vayson faisait partie depuis sa fondation, ayant le désir de procéder à l'inauguration officielle du Musée commercial dans les nouvelles constructions, établit en ses galeries, une Exposition industrielle où elle appela particulièrement les industries du département.

Un vaste emplacement fut consacré aux tapis, et la Manufacture d'Abbeville en garnit toutes les murailles. Une médaille d'or lui était remise comme souvenir de sa collaboration.

Quelques années après, à Paris, les membres de l'Académie nationale agricole et manufacturière, désignaient M. J. Vayson pour leur Président, reconnaissant ainsi la haute situation industrielle de ce manufacturier et le dévouement apporté par lui de longue date au développement du commerce et de l'industrie.

Dans les Expositions universelles, on a pu voir les tapis exposés par les divers pays, avec leur caractère particulier de fabrication, chaque contrée cherche à développer chez elle son activité industrielle, suivant ses goûts et ses besoins, de manière à se passer des produits étrangers, il existe donc une lutte presque perpétuelle.

L'Amérique obéissant à ce principe, a pour ainsi dire fermé son marché à l'importation des tapis du continent européen.

L'Angleterre, avec le génie commercial qui lui est propre, et les moyens qu'elle sait se créer, exporte dans ses comptoirs ; et dans certains pays, sait presque imposer sa fabrication.

La France, avec le sentiment artistique si remarquable qui la distingue, tient encore sa place dans l'exportation ; mais parce qu'avec sa riche imagination elle crée des œuvres d'un rare mérite, des produits d'un goût exquis qui se prêtent à toutes les élégances ; ce n'est guère qu'en restant dans cette voie de progrès persévéramment, que la Manufacture de tapis d'Abbeville a pu aussi maintenir sa réputation à l'étranger, et y écouler une partie de sa fabrication.

XIV

La Manufacture royale des tapis d'Abbeville tout en poursuivant son but de travail et de progrès, tout en maintenant ses relations et sa haute renommée, ne perdait point de vue les besoins et le bien-être de ceux qu'elle occupait.

Le but de la société est le bonheur commun, disait jadis Louis Bonaparte, alors Président de la République ; depuis longtemps cette pensée semblait épanouie dans l'établissement ou, par tradition, on se préoccupait du bien-être, des intérêts physiques et moraux du nombreux personnel employé.

Sans avoir dans la manufacture un *industrialiste* comme Saint-Simon, qui du reste, trouva le moyen de se ruiner ; ou un économiste réformateur comme Charles Fourier, dont les théories on le sait, ne produisirent point grand chose de réalisable : on avait atteint un but qui semblait donner satisfaction au plus grand nombre. Beaucoup d'ouvriers et d'ouvrières travaillant de génération en génération dans l'établissement, y formaient comme une vaste famille ayant ses traditions, ses attaches affectueuses qui créaient des liens entre eux et la maison.

On y fonda en 1740 une Caisse de secours appelée *la Boîte*, que les ouvriers administraient eux-mêmes sous la surveillance du chef de l'établissement ; à la fin de l'année, le 31 décembre, l'argent restant en caisse était partagé entre les ouvriers.

Cette caisse, qui a conservé son nom jusqu'ici, était destinée à soulager les malades et à donner aide et secours en certaines circonstances ; voici la délibération qui avait été prise à son sujet, par les intéressés :

L'an mil sept cent quarante, il a esté délibéré entre nous tous ouvriers de moquettes et du grand consentement de M. Jacques Hecquet le fils, notre maître, qu'il sera établi un tronc ou boîte pour y mettre tous les samedy, chacun un sol pour soulagement des ouvriers malades et infirmes, ce qui commencera samedy le 3e septembre de la dite année 1740.

Puis il a desnommé des receveurs par boutique, chaque ouvrier sera tenu d'apporter entre les mains desdits, savoir :

Polenne, pour six..	6
Le Moyne (Pierre), pour huit.......	8
Grenon, pour cinq.................	5
Cochois, pour onze................	11
Duval, pour onze..................	11
De la Rue (Adrien), pour huit......	8 et Chalot
fait quarante-neuf......	

Qui remettront à l'instant entre les mains du bâtonnier pour estre remy aussytot dans ledict tronc, en présence de M. J. Hecquet notre maître, plus le bâtonnier sera obligé d'aller recevoir neuf livres chez M. Van Robais au dernier jour de décembre et à la feste de notre métier, le six d'août encore neuf livres pour la rétribution des urines qui sera mis de même dans le tronc qui fait la somme de dix-huit livres par année.

Plus trois livres quand un ouvrier se mariant.

Plus cinquante sols quand un tireur est monté.

Plus vingt sols quand un ouvrier rentre dans la boutique.

Plus quand un ouvrier jurera le saint nom de Dieu paiera la somme de...

Plus quand il chantera des chansons infâmes ce qu'y arrive souvent payera la somme de...

Plus quand un ouvrier fumera dans la boutique payera la somme de...

Plus quand deux ouvriers changeront de métier sans le consentement de M. Hecquet payeront chacun la somme de...

Il a été délibéré aussi que les ouvriers balayeront deux à deux la basse-cour, aux urines, tous les premiers samedy de chaque mois.

On commencera le samedy premier jour d'octobre par la boutique de l'Hermitage aynsy des autres :

Ensuite la boutique de Jean Dufour.

Ensuite la boutique de Cabin.

Ensuite celle de Robecq.

Celle de Cochois.

Celle de Lafrance.

Celle de Duval.

Celle de Pascal.

Celle d'Adrien De la Rue.

Et tous ceux qui refuseront de payer à leur tour payeront la somme de... et tous, cela pour le profit du tronc.

On a aussy arrêté que le tronc ne sera ouvert pour le soulagement des malades qu'en l'année 1741.

La boîte est administrée par quatre ouvriers délégués appelés syndics, et par le bâtonnier, changé chaque année, nommé par ancienneté et qui, aux cérémonies publiques et à la fête des ouvriers porte la bannière de la fabrique ; nous regrettons de ne point citer le nom de ces bâtonniers qui n'ont point été régulièrement conservés.

L'union existant entre tous les membres de la famille ouvrière, permit dans les années difficiles de disette ou de cherté des subsistances, d'organiser des secours en nature, — de charbon, — de pommes de terre, etc.

En 1855, on établit dans la fabrique, un fourneau économique dont la direction fut confiée à un chef de cuisine habile et renommé, ce qui produisit le meilleur résultat.

Voici comment un journal local, le *Pilote de la Somme* du 8 décembre 1855, enregistrait le fait dans ses colonnes :

Le chef de l'une des manufactures les plus importantes d'Abbeville vient de prendre en faveur des nombreux ouvriers de son établissement, une mesure qui leur sera d'un grand soulagement pendant la saison d'hiver, et qui sera probablement féconde en résultats pour l'avenir.

Désireux d'alléger autant que possible les privations que la cherté des subsistances fait éprouver à ses ouvriers, M. J. Vayson a pris la résolution de leur offrir, trois fois par semaine, une ration de légumes, de potage ou de viande tout assaisonnée, avec laquelle un homme peut faire amplement un repas.

N'ignorant pas le préjugé qu'éprouvent contre le système des rations les ouvriers de notre ville qui n'ont pas encore participé aux bienfaits des sociétés alimentaires, comme ceux d'Orléans, Lyon, Grenoble, Nancy, etc., etc., M. J. Vayson a eu recours tout d'abord à un excellent moyen, il a fait monter un fourneau dans sa Manufacture, afin que la préparation des aliments put s'effectuer, pour ainsi dire, sous les yeux des ouvriers, et il a prié M. Méressart Hubert, le chef par excellence d'Abbeville, de vouloir bien procéder à la cuisson et à l'assaisonnement du menu.

M. Méressart a tenu à honneur de soigner ces modestes légumes, comme les plats les plus recherchés, aussi tout le monde les a-t-il trouvés excellents, et le préjugé a été anéanti.

Quand la mauvaise saison sera écoulée et que le prix des subsistances sera retombé au taux normal, les ouvriers habitués au bien-être de la ration, pourront difficilement s'en passer. Ne seront-ils point alors les premiers à demander la création des sociétés alimentaires, et leurs ménagères au lieu de dépenser du temps et de l'argent à la préparation et à la cuisson des aliments, ne trouveront-elles point de l'économie sous bien des rapports à les acheter tout préparés.

En attendant que cette amélioration se réalise, nous faisons des vœux pour que l'exemple de M. Vayson trouve de nombreux imitateurs.

Voici maintenant comment s'exprimait l'*Abbevillois* du 18 décembre 1855, en faisant cesser une erreur qui dut paraître singulière, puisqu'elle faisait tort à d'excellentes et généreuses intentions :

Nous avons fait connaître dans un de nos précédents numéros, la mesure prise par un manufacturier de notre ville pour venir en aide à ses ouvriers pendant la crise alimentaire que nous traversons.

Notre article paraît avoir été mal compris, et des personnes ont cru que M. Vayson *vendait* à ses ouvriers les aliments qu'il leur faisait préparer dans son établissement, c'est une erreur. *La distribution est toute gratuite et a lieu trois fois par semaine*, C'EST UN BEINFAIT DONT PROFITENT DEUX CENTS OUVRIERS.

Nous devons ajouter que cette mesure philanthropique est de tradition dans la Manufacture des moquettes d'Abbeville, l'un des prédécesseurs de M. Vayson, M. Hecquet d'Orval, l'a mise en œuvre dans une circonstance analogue.

Il était, comme on le voit, assez urgent de rendre hommage à la vérité et l'*Abbevillois* a bien fait de ne pas y manquer.

En 1865, on arrangea un local qui pouvait servir de réfectoire aux ouvriers, il était surtout utile à ceux dont le logement était éloigné de la fabrique.

La même année, on leur créa aussi une petite bibliothèque ; elle précéda donc de quelques ans, l'organisation de la bibliothèque populaire, fondée par la ville au Champ de Foire, et la bibliothèque de l'Ouvroir Saint-Jacques.

Ces diverses créations furent rappelées dans la réponse adressée par M. Courbet-Poulard, Président de la Chambre de Commerce à M. le Play, à l'occasion de l'enquête ouverte lors de l'Exposition de 1867.

Ce ne fut pas seulement par des secours directs que l'on vint en aide aux ouvriers, mais par des travaux divers, que l'on s'ingénia à trouver dans les époques difficiles, comme en 1848 par exemple, où la fabrication s'arrêta si brusquement.

Ainsi que nous l'avons dit au chapitre VII, on donna à tisser aux ouvriers des couvertures et quelques autres articles, afin de les occuper ; mais l'Empire arriva, les conditions changèrent.

Une idée juste, bienveillante et utile de l'Empereur avait été d'appeler l'attention sur les modestes collaborateurs industriels.

A toutes les Expositions, la Manufacture s'est fait un devoir de signaler les ouvriers habiles qui s'étaient distingués par leur aptitude, leur travail, leur intelligence, afin de leur donner la faculté de concourir aux récompenses quand il y avait lieu ; car ainsi que l'a dit le fabuliste :

Un tiens vaut, ce dit-on, mieux que deux tu l'auras :
L'un est sûr, l'autre ne l'est pas.

Et on eut raison, car des médailles, des primes, etc., furent distribuées pour honorer les longs et loyaux services des travailleurs de la fabrique.

Nous allons inscrire les noms des modestes hommes de labeur, qui dans la plénitude de leurs moyens, de leur activité, ont concouru à toutes les époques aux succès de l'établissement, leur souvenir mérite d'être conservé. Ces noms peuvent s'enchâsser utilement dans les couronnes industrielles dont la Manufacture de tapis d'Abbeville a fait une ample moisson.

Parmi ceux qui méritent une mention spéciale, nous citerons :

Fabert, Barbaza, Ferdinand Buignet, Isidore Michel, collaborateurs récompensés.

Ceux qui par leurs longs services et leur conduite irréprochable ont obtenu des pensions du département ou de la ville, se nomment :

Galand, Catherine Gorenflos, Rosalie Lenglet, Bertrand, Caron, Riquier.

Voici maintenant le tableau des *ouvriers* qui ont obtenu des récompenses dans différentes Expositions :

Janvier 1855.

Boquet (Ferdinand), délégué à l'Exposition de 1855.

Gorenflos (Joseph-Théophile), délégué à l'Exposition de 1855.

Lenglet (Rosalie), directrice de l'atelier de chenille.

Lheureux père, ouvrier modeleur, médaille.

Duvauchel (Charles-Louis-Paul), monteur de métiers, médaille.

Exposition de Rouen 1859

Barraza (Michel), direction.

Lamiral (Gustave), prime 120 francs Amiens, Société industrielle.

Barbier (Vulfran-Adonis), teinture, médaille départementale.

Drouart (Marie-Sophie), bobineuse, prime pour longs services.

Gorenflos (Théophile), prime et médaille départementale.

1867.

Michaut (Isidore), médaille de bronze.

Boquet (Ferdinand), prime de 60 francs.

Lenglet (Jean-Baptiste), prime de 50 francs.

Gorenflos (Catherine), prime de 50 francs.

Nicolle (Sophie-Virginie), prime de 50 francs.

Eloy (Georges-Jean), prime de 50 francs.

Dorbeson (Sophie), prime de 50 francs.

Bridoux (Malvina), médaille et prime de 20 francs.

Hardy (Ernest), apprenti, livret de 20 francs.

Alfred (Adolphe), apprenti, livret de 20 francs.

Raoul (Abel), apprenti, livret de 18 francs.

Lefebvre (Auguste), apprenti, livret de 6 francs.

Gorenflos (Théophile), envoyé à l'Exposition par la Chambre de Commerce.

Boquet (Ferdinand), envoyé à l'Exposition par la Chambre de Commerce.

1868.

Delattre (Louis), livret de 20 francs.

Noonan (Joseph), médaille et livret.

1877.

Gorenflos (Catherine), médaille de bronze 60 francs, pension du département.

Bertrand, médaille de bronze, 60 francs, pension du département.

Caron, médaille de bronze, 60 francs, pension du département.

Riquier, médaille de bronze, 60 francs, pension du département.

1878.

Castelain (Louis), médaille de bronze.

Laffilé (Gustave), médaille en argent, académie nationale.

Folie (Elie), médaille en argent, académie nationale.

1882.

Hénot (Ollivier), Exposition de Bordeaux, médaille d'argent.

Lenglet (Rosalie), médaille de bronze, 40 francs.

Michel (Isidore), Exposition Franco-Espagnole de Bordeaux.

Castelain (Louis), Exposition de Bordeaux.

1883.

Gorenflos (Catherine), diplôme, 80 francs.

Galland, diplôme, 80 francs.

Michel, délégué à l'Exposition d'Amsterdam.

1884.

Proutaux (Auguste), prime 1,000 francs.

1886.

Castelain, médaille d'argent à l'Exposition ouvrière de la Société industrielle d'Amiens.

1888.

Clermont, mécanicien, prime de 100 francs.

1892.

Balesdent (Jules), par le ministre, médaille d'or.

Gorenflos (Catherine), par le ministre, médaille d'or.

Balesdent (Jules), médaille d'argent, Société protectrice des apprentis.

Picot (Maurice), un volume, Société protectrice des apprentis.

Carouge (Anthénor), tisseur mécanique, médaille d'argent.

Diot, médaille d'or, par le Ministre du Commerce.

Venant (Alphonse), médaille d'or, par le Ministre du Commerce.

Parmi tous ces ouvriers, un certain nombre a quitté la manufacture après une longue carrière de labeur, quelques-uns recevant mensuellement une petite pension de l'établissement.

La plupart, compositeurs de dessins, coloristes, tisserands, créateurs d'une amélioration quelconque dans la fabrication, sont fidèles aux souvenirs du passé, ils en subissent les attractions sous toutes sortes de formes, pensant aux vieilles amitiés de l'atelier, éprouvant une satisfaction intime à suivre leur œuvre d'autrefois dans la voie qu'elle parcourt à l'appel de la concurrence et de la consommation.

D'autres n'ayant rien laissé de particulier à signaler, mais ayant accompli bravement leurs obligations journalières de travail, se retrouvent avec un vif plaisir aux fêtes ouvrières, se montrant tout fiers de se mêler aux hommes maintenant façonnés au métier, qui furent jadis leurs apprentis, et qui leur donnent une place d'honneur devant eux dans la marche sous la bannière.

A côté des collaborateurs, nous devons parler auss des ouvriers dont le dévouement s'est montré et fait acclamer parfois dans des moments de péril, ce sont les pompiers de la Manufacture.

Il y avait toujours eu dans la Manufacture des pompes à incendie, dans le but de protéger l'établissement en cas de sinistre, mais sans organisation spéciale du personnel.

Quand un sinistre se déclarait en ville, les ouvriers réunis y allaient avec la pompe, sans perdre de temps à courir à un lieu quelconque de rendez-vous, à la découverte du matériel; ayant tout sous la main, souvent ils arrivaient des premiers et rendaient des services incontestables.

En 1879, en constatant les résultats obtenus, on trouva bon d'organiser les ouvriers en compagnie, des chefs pris parmi les employés de la Manufacture les commandèrent.

De temps à autre, ils se réunirent, firent des exercices et les manœuvres des pompes, de manière à prêter un concours tout à fait efficace et actif en toute circonstance, avec un matériel que l'on continue à tenir en très bon état.

Les courageux efforts des ouvriers des Moquettes furent dès lors encore plus appréciés. On les voyait si empressés à porter les premiers secours, si peu hésitants à se placer aux postes périlleux, que la presse locale était toute heureuse de constater leur dévouement.

Dans l'*Abbevillois* du 13 juin 1884, on rend ainsi compte d'un incendie qui avait lieu à Mautort, faubourg d'Abbeville :

> Bien qu'on n'ait pas signalé le feu à Abbeville, les ouvriers de M. J. Vayson, prévenus, arrivèrent tout aussitôt avec la pompe de l'établissement, qu'ils manœuvrent en pompiers consommés, ils se mirent avec le plus grand zèle à prêter le plus actif concours.

L'incendie avait commencé à deux heures de l'après

midi, vers sept heures du soir le feu se calmait, l'*Abbevillois* continue ainsi :

A ce moment, tout était à peu près terminé, grâce aux efforts de tous, et particulièrement des ouvriers de M. Vayson, qui, conduits par leur Directeur, M. Hénot, se sont réellement distingués et méritent les plus grands éloges.

A propos d'un autre incendie du mois de mars 1888, qui eut lieu chaussée du Bois, *le Patriote de la Somme* disait :

On combattit alors le feu étage par étage ; dans cette circonstance les pompiers de M. J. Vayson secondèrent très énergiquement ceux de la ville et firent preuve d'un courage à qui tout le monde rendit hommage.

M. François, alors maire d'Abbeville adressa la lettre ci-jointe à M. J. Vayson :

Abbeville, 7 mars 1888

Monsieur,

L'administration municipale tient à remercier particulièrement les ouvriers de votre établissement qui ont assisté aux deux incendies de dimanche dernier, et ont contribué pour une bonne part, munis de leur pompe, à éteindre le feu qui menaçait les habitations voisines.

Ils ont fait preuve d'un courage et d'un dévouement dignes d'éloges, aussi je vous prie de leur transmettre nos plus sincères félicitations.

Veuillez agréer, Monsieur, avec toute notre reconnaissance, l'expression de nos meilleurs sentiments,

A. François.

Nous pourrions très facilement, en recourant à la presse locale, accumuler ici les preuves du dévouement des ouvriers de la Fabrique de tapis dans les incendies, en multipliant les extraits des comptes-rendus, mais nous nous en garderons.

Ce dévouement a si hautement et si fréquemment été

apprécié, que beaucoup de Compagnies d'Assurances francaises et des meilleures, *la Clémentine, l'Union, la Paternelle, la France, la Nationale, le Soleil, la Générale, l'Urbaine, l'Union générale du Nord, le Monde, l'Abeille,* etc., qui ont tout intérêt à constater et récompenser la bonne volonté, l'initiative, les services rendus pendant les sinistres, ont toutes voté dans les réunions de leurs conseils d'Administration, après des faits accomplis ; des médailles de vermeil et d'argent, offertes à titre honorifique aux ouvriers de l'usine, avec des lettres de félicitations.

Ce n'est donc pas de ces hommes dévoués que l'on pourra dire :

A vaincre sans péril on triomphe sans gloire.

Ils ont tous accompli plus que leur devoir quand ils ont assisté à des sinistres.

Les ouvriers de la Manufacture de tapis d'Abbeville, les chefs qui les commandent si bravement et les enlèvent à la première alerte pour porter secours, méritent donc une estime et une considération particulière, en raison du courage et de l'activité intelligente qu'ils ont montrés en maintes circonstances difficiles et parfois dangereuses.

M. Vayson lui-même, M. Cointe son employé, et l'ouvrier pompier Triboulet, ont le 12 juin 1884 enlevé, en se précipitant au milieu des flammes où il restait anéanti, inerte, désespéré du désastre qui le frappait, le nommé Brailly, qui refusait de sortir de ce foyer si terriblement embrasé, où il semblait vouloir se condamner à périr, et ils ont sauvé ce malheureux.

Nous pourrions citer d'autres faits de sauvetage, puisque M. G. Beurrier, représentant de la Manufacture, maintenant à Paris, a été gratifié d'une médaille de vermeil, mais nous pensons que la réputation des pompiers et sauveteurs de la Fabrique de tapis d'Abbeville n'est plus à faire, car elle est largement et suffisamment établie.

Le patriotisme des ouvriers, en certaines circonstances, s'est montré comme s'était montré le dévouement et d'une façon touchante.

Au moment de l'occupation prussienne à Abbeville, comme ils avaient appris que plusieurs de leurs anciens camarades, ayant travaillé avec eux à la Mauufacture avaient été tués sur différents champs de bataille, ils firent chanter un service funèbre dans l'église Saint-Paul, auquel ils assistèrent.

XV

Nous avons vu en France pas mal de fêtes frivoles et même extravagantes sans aucun bénéfice moral pour le peuple.

Les plus ridicules et les plus condamnables n'étaient guère que des réminiscences des vieux âges, les souvenirs délabrés et retapés des saturnales qui avaient résisté au temps par l'habitude, et qui ont complètement disparu.

On n'entend plus hurler publiquement où l'on devait se recueillir, la fameuse prose que Du Cange nous a transmise :

Hez, sir asne, car chantez;
Belle bouche rechignez,
Vous aurez du foin assez
Et de l'avoine à plantez,

La fête des ânes et la fête des fous n'existent plus. Chez les Grecs, les fêtes publiques s'abritaient sous une pensée politique souvent sérieuse ou sous une pensée religieuse, elles étaient donc utiles.

Les fêtes religieuses du monde catholique ont un but essentiellement moralisateur, et sans exclure la gaieté, rapprochent les êtres par des sentiments louables qui servent à resserrer les liens de la famille et de l'amitié, en favorisant l'affection. Quand donc une fête même intime, subit l'effleurement religieux, elle n'en est pas troublée, mais elle y puise comme un courant de pensées toutes sympathiques, on accomplit donc un acte louable en la favorisant dans ce sens.

Parmi les fêtes où la gaieté se distribue généreusement et où l'esprit se dépense avec abandon dans son originalité native sans marchander, on peut surtout compter celles où les ouvriers s'épanchent entre eux avec une simple et agréable franchise, profitent de leur réunion pour donner carrière aux élans affectueux qui les rapprochent comme des parents, et créent entre eux la solidarité que l'on trouverait dans un clan.

Une de ces fêtes datant de l'origine de la fabrique de tapis d'Abbeville a été fondée par les ouvriers, et elle est toujours réglée comme à son début, rappelant le fonctionnement de la caisse de secours, l'union intime du chef et de tout le personnel pour la réussite de l'œuvre commune, la prospérité de l'établissement.

Cette fête est attendue, désirée par les ouvriers, comme les ducasses ou les kermesses dans nos villages, excitant une joie d'autant plus grande que l'on y fait la remise des récompenses obtenues pendant l'année par les ouvriers.

Le matin, tous les travailleurs de la fabrique, hommes, femmes, enfants, souvent même accompagnés par des membres de leur famille, se réunissent à l'usine dans le but de se rendre en cortège à une messe solennelle, dite spécialement pour eux à l'église Saint-Jacques.

Les enfants des ouvriers portent les vieux bâtons de maîtrise entourés de fleurs, et tout glorieux, ouvrent la marche.

La bannière de la Manufacture est portée par le bâtonnier sortant d'exercice, c'est-à-dire par celui des vieux ouvriers qui jouit de ce titre depuis un an et qui, à la suite de la messe, quitte les fonctions en faveur d'un de ses camarades dont les années de service dans la maison se chiffrent suffisamment pour être appréciées par ordre d'ancienneté; car c'est un honneur espéré, désiré, et qu'aucun des anciens ouvriers ne voudrait laisser à un autre quand son tour arrive.

La bannière aimée et respectée comme le drapeau d'un régiment, est comme lui entourée par une garde d'honneur. Elle se compose des ouvriers syndics des ateliers, des contre-maîtres. Elle est suivie immédiatement par le chef de la maison, par tous les employés, puis par tous les ouvriers et ouvrières.

Pour rehausser autant que possible l'éclat de la messe solennelle à laquelle tout le personnel de la Fabrique assiste si volontiers, des artistes musiciens viennent prêter leur concours, les orphéonistes de la ville chantent des morceaux religieux, et parfois des orateurs de la chaire se font un plaisir de rappeler avec une éloquence vibrante développée par le talent, les sentiments de devoir, de solidarité, de piété, qui réunissent tous les membres de cette grande famille ouvrière.

Le retour à l'usine a lieu dans le même ordre que le départ; et à l'arrivée, le chef de la maison profite de cette réunion générale pour rappeler en quelques mots, les événements passés depuis une année, qui intéressent la Manufacture.

Puis, s'il y a des récompenses, des médailles accordées, elles sont délivrées à ceux qui les ont méritées, en présence de tous leurs camarades.

Alors les ouvriers se séparent, mais la journée n'est point terminée sans les heures joyeuses où la camaraderie donne libre carrière à la conversation intime; on se retrouve souvent dans un banquet, après lequel les ouvriers et ouvrières vont se livrer au plaisir de la danse, sans penser aucunement sans doute, que Terpsichore devint mère des sirènes.

Puis, le lendemain matin, après la journée d'agrément, les confidences amicales, les effusions joviales et divertissantes, un sentiment pieux fait assister ces braves travailleurs à une messe dite en souvenir des compagnons que la mort a enlevés, des amis qui pendant de longues années, ont partagé les travaux et l'affection de ceux qui restent.

Comme les générations se sont succédé de père en fils la plupart du temps dans la Fabrique, à côté des amis disparus, il y a des parents dont la mémoire s'impose aux regrets.

Lorsque les nouveaux ateliers construits rue Pados furent achevés, une fête tout intime, réunit le personnel de l'établissement pour célébrer l'installation.

Il y eut des jeux, des prix donnés aux apprentis et aux ouvriers. Une fête du même genre eut lieu dans le jardin des Rames, lorsque M. J. Vayson transporta le siège de l'établissement dans cette usine; les allées du jardin étaient illuminées le soir, et les danses se prolongèrent fort avant dans la nuit.

Une belle et grande fête fut encore donnée par M. Vayson à tout son personnel, à l'occasion de l'anniversaire deux fois séculaire de la fondation de la Manufacture de tapis. C'était là un souvenir précieux que l'on ne pouvait oublier; on savait gré au chef de la Fabrique de son excellente inspiration qui excitait tous les enthousiasmes.

La fête avait réuni outre les ouvriers, bien des personnes du dehors dont les travaux sont utilisés comme accessoires dans l'établissement. Plusieurs chefs de maisons, en relations commerciales avec la Manufacture, s'y étaient également rendus, témoignant ainsi par leur présence de l'importance qu'elles attachaient aux produits si intéressants et si renommés que l'on fabriquait à Abbeville.

A l'occasion de cette solennité industrielle si agréable à tous, de grands ateliers avaient été transformés en salles d'exposition qui furent visitées avec empressement par les habitants de la ville, et pour conserver la mémoire de la fête, on prit une vue photographique très belle, sur laquelle tous les assistants, groupés sur la pelouse du parc, étaient reproduits, c'était une foule.

Comme diverses autorités de la ville assistaient à la cérémonie, on profita de la circonstance pour leur laisser distribuer les récompenses, primes ou médailles, qui avaient été accordées aux ouvriers les plus méritants, ce qui fut fait au milieu des acclamations.

D'autres fêtes ouvrières eurent encore lieu dans l'établissement, notamment lors de l'inauguration de la ligne du chemin de fer de Béthune à Abbeville-Tréport, dans laquelle une décoration industrielle et artistique fut beaucoup remarquée.

On y voyait aussi des trophées commerciaux rappelant les diverses industries du département, excitant vivement l'attention des industriels de tout le parcours de la nouvelle ligne, et d'un grand nombre de commerçants d'Abbeville qui avaient été conviés pour cette réunion.

Pour clore cette série de réjouissances et de cérémonies dont nous rendons compte, nous dirons que les nombreuses visites des personnages importants qui se rendaient à la Manufacture de tapis, donnaient forcément lieu parfois à un mouvement, à des démonstrations que les ouvriers considéraient aussi comme des espèces de fêtes.

En dehors des fêtes industrielles, il y eût encore certaines cérémonies religieuses, nous n'en citerons qu'une, parce qu'elle se lie particulièrement par un rapport très net et très direct avec l'existence de la Fabrique, c'est la pose d'une verrière à l'église Saint-Jacques d'Abbeville.

L'église qui existait en 1136, avait été reconstruite en 1482 et le clocher qui en était séparé datait de 1542, mais tout cet amas de pierres semblait à l'état de ruine, quand vers 1866, le curé d'alors, M. Paillart, fit un appel à ses paroissiens pour remplacer le monument délabré, lézardé, par la construction grâcieuse, élégante, que nous voyons aujourd'hui.

Non seulement il s'agissait de rebâtir l'église, mais il était nécessaire de l'orner.

On demanda à M. J. Vayson un christ en tapisserie qui avait été fabriqué pour une des Expositions des produits de l'industrie.

Cette tapisserie fut portée à l'église par les ouvriers de l'établissement. Une tapisserie semblable avait été donnée au Tribunal de Commerce d'Abbeville pour la salle des audiences.

En même temps, M. J. Vayson, outre sa participation à la construction du monument religieux, se chargea de fournir l'une des verrières de l'église.

Ces vitraux remarquables, dus au talent de M. Tamoni, artiste verrier de Paris, rappellent plusieurs faits relatifs à la Manufacture :

Louis XIV signant le décret de fondation de la Manufacture ;

La visite du 1er Consul à l'établissement des tapis ;

Celle du Roi Louis Philippe ;

La représentation de la fête annuelle des ouvriers ;

Le transport à l'église du Christ en tapisserie ;

Le Saint-Père Pie IX remettant à M. Vayson les insignes de commandeur de l'Ordre pontifical de Saint Grégoire-le-Grand ;

Les figures des personnages sont les portraits des principaux ouvriers et contre maîtres de la fabrique.

Le jour de l'inauguration de cette verrière, M. l'abbé Hue, curé de Saint-Paul, prononça dans l'église Saint-Jacques une très remarquable allocution en retraçant l'historique de la fabrique.

Ainsi que l'on peut s'en rendre compte, les ouvriers de la fabrique ont tenu à respecter les traditions du passé transmises par les artisans qui les ont devancé dans l'établissement, et dont plusieurs étaient leurs ancêtres ; ils doivent s'en louer puisque grâce à ces traditions, des liens sympathiques continuent à unir dans l'intérêt commun, — du patron au plus simple travailleur, — cette grande famille appelée chaque jour à répandre son activité dans les ateliers. Les sentiments patriotiques n'ont point non plus manqué aux ouvriers ; nous allons en donner une preuve :

Lorsqu'en 1885 on apprit la mort prématurée de notre glorieux compatriote l'amiral Courbet, ce fut dans la France entière un deuil cruel. Le cœur de tous s'assombrissait en sentant que la patrie venait de faire une perte immense ; aussi lorsque la ville d'Abbeville, recevant la dépouille de son illustre enfant, se prépara à lui faire de splendides funérailles, les ouvriers de la Manufacture de tapis tinrent à honneur d'envoyer au convoi une magnifique couronne portée par une députation.

Les conditions de la vie de l'ouvrier de la fabrique se sont améliorées sous bien des rapports, à mesure que des constructions nouvelles bâties en briques, avec étages, remplacent les anciens logements bas et humides, l'homme de labeur trouve à se loger dans des conditions beaucoup plus satisfaisantes, lui et sa famille, et d'une manière saine qui le préserve de maladies ou d'infirmités.

De nombreux documents que nous avons pu consulter nous révèlent qu'il y a cinquante ans, le salaire des femmes était de 75 centimes par jour, celui des hommes de 1 fr. 50 et que les tisseurs ne gagnaient guère que de 2 fr. à 2 fr. 50 par jour.

L'étude sur la migration des ouvriers à Abbeville, travail si sérieusement préparé et si plein d'intérêt, fait par MM. Brion et Paillart en 1840, nous indique qu'au commencement du siècle, le salaire des enfants était de 3 à 4 francs par semaine, celui des femmes de 3 fr. 60 à 4 fr. 25 environ, celui des tisserands de 8 francs par semaine.

Aujourd'hui les salaires dans la fabrique de tapis d'Abbeville, représentent pour les enfants de 1 fr. 25 à 1 fr. 50 par jour.

Pour les femmes, de 1 fr. 75 à 3 fr. 50 par jour suivant le travail.

Pour les ouvriers à la journée, 4 francs.

Et pour les tisseurs, de 5 francs à 6 fr. 50 par jour.

Il faut ajouter que l'emploi des métiers mécaniques a rendu le travail beaucoup moins fatiguant, l'ouvrier n'ayant plus que la surveillance et l'attention à exercer, et n'étant plus obligé de se livrer à des efforts musculaires pénibles.

De plus, les métiers sont fort grands, occupent une large place dans de vastes ateliers bien aérés, où chacun peut évoluer et respirer sans gêne, parfaitement à l'aise ; puis le travail mécanique a forcé à exécuter avec les machines ou mécaniquement certains labeurs qui jadis incombaient à l'ouvrier et lui prenaient une partie de ses heures, tel que le montage et le parage des chaînes, la préparation des trames, etc. Ces travaux accessoires qui peuvent être évalués à 25 ou 30 0/0 du temps passé à l'atelier, lui ont permis de reporter toute son activité au soin du tissage, et cela à son bénéfice, puisqu'il éprouve moins de fatigue et qu'il trouve une plus grande rémunération par une augmentation de production.

Les ateliers présentent encore une disposition qui n'existe pas dans toutes les manufactures, ceux des femmes sont séparés de ceux des hommes, et dans un intérêt purement humanitaire, le travail des jeunes enfants a été supprimé et modifié de manière à l'approprier aux facultés des jeunes gens de seize à dix-huit ans ; on a cherché dans la fabrique à multiplier les améliorations.

Comme le disait Lamennais dans son livre *Du passé et de l'avenir du peuple*, il ne peut exister pour l'homme un état de contentement absolu appelé bonheur, dans lequel se reposent et se perdent ses désirs pleinement satisfaits ; il n'est point d'illusion plus vaine et plus dangereuse que cette fausse idée.

Lamennais a raison, on ne peut donner à l'homme le bonheur absolu ce serait trop merveilleusement beau ; mais il est sage et bien dans la mesure du possible, tout en tenant compte des exigences et des difficultés de certaines situations, de chercher à améliorer le sort de l'ouvrier dans les établissements industriels pour lui rendre la vie supportable ; c'est ce qu'ont tenté généreusement de faire les hommes éminents qui ont dirigé la fabrique de tapis d'Abbeville, et à ce point de vue ils ont bien mérité.

XVI

Maintenant que nous avons retracé l'histoire de la Fabrique de tapis d'Abbeville, que nous avons signalé les transformations, les progrès, les perfectionnements qui s'y sont accomplis depuis deux siècles, il nous semble assez juste de constater que c'est chose parfaitement rare, de voir en France, la réussite constante, durable, d'un établissement industriel pendant un si long espace de temps.

Estimons-nous donc heureux, nous autres Abbevillois, quand tant d'établissements divers périssent autour de nous, ce qui diminue si effroyablement non seulement les ressources d'une multitude de branches de commerce, mais la valeur et les revenus de la propriété par l'émiettement de la population ouvrière cherchant des ressources sous un autre ciel, pour échapper à la misère ; estimons-nous heureux, de conserver cette grande Manufacture dont la renommée est toujours brillante, et qui a été dirigée jusqu'ici avec tant d'intelligence et l'on peut dire tant de cœur, puisque les chefs dont elle a subi l'impulsion, ont su souvent mettre son honneur et le bien-être des ouvriers au dessus de leur intérêt personnel.

Les hommes, qui en se succédant pendant deux siècles à la tête de la fabrique, malgré les troubles, la guerre, les révolutions politiques et économiques qui paralysent tant d'efforts, brisent tant de situations ; qui, malgré les inquiétudes et les déceptions qu'entraînent souvent les affaires, malgré toutes sortes d'autres causes imprévues et souvent inappréciables pour le vulgaire, ont su maintenir aussi vigoureusement des éléments glorieux de travail ayant servi à donner une véritable renommée à Abbeville, ces hommes là ont certainement montré des qualités très méritantes et très supérieures.

Si nous arrêtons notre pensée sur le dernier chef de cette maison, qui depuis plus de quarante années lui a consacré toutes les ressources de son activité et de son dévouement ; — lui, qui a considéré comme un devoir de conserver à la ville d'Abbeville, un des établissements qui ont le plus honoré sa réputation industrielle. Si nous nous rendons loyalement compte des travaux si divers auxquels il a pris part, des services qu'il a rendus dans les fonctions publiques, nous ne pouvons que souhaiter à notre cité, de voir à la tête de son mouvement commercial, des hommes usant d'une aussi généreuse initiative appliquée si largement au bien public.

Qu'on ne l'oublie pas, six fabriques de tapis avaient été créées dans le département de la Somme, toutes ont disparu, il n'en reste que le souvenir. Celle d'Abbeville s'est vaillamment maintenue malgré les difficultés des temps et des situations.

Nous ne rappellerons pas ici les travaux techniques qui ont eu lieu sans interruption dans la Manufacture Royale de tapis de notre ville, cela nous sortirait des limites que nous nous sommes tracées.

Nous avons eu surtout pour but de jeter un peu de lumière à quelques pages intéressantes de notre histoire locale sur lesquelles l'obscurité s'était faite, sur lesquelles glissait un silencieux oubli, qui ne doit point effacer les souvenirs glorieux que nous avons évoqués.

Mais ce n'est pas sans éprouver un sentiment pénible, que nous portons les yeux sur le vieil Abbeville du moyen âge, et que nous comparons son activité commerciale si fiévreuse, stimulée par le zèle des magistrats municipaux de ce temps, à l'inertie presque générale que l'on constate aujourd'hui.

C'est avec une indicible tristesse que les patriotes Abbevillois, que tous ceux qui ont réellement l'amour du pays, voient un engourdissement inqualifiable remplacer une activité commerciale et industrielle qui nous donnait de si beaux éléments de prospérité, et qui assurait le bien être des ouvriers, de tous les laborieux.

Maintenant, autour de nous, on remarque avec amertume des villes industrielles qui après avoir été à notre suite, ont eu un superbe et irrésistible élan, et nous ont dépassés ; il serait temps pour nos intérêts de réagir.

En faisant ce travail, nous avons cru poursuivre un but utile, éveiller les bonnes volontés qui sommeillent, en provoquant l'attention sur des efforts courageux, généreux, intelligents, persévérants, qui nous ont maintenu une industrie précieuse quand tant d'autres s'écroulaient.

Nous formons des vœux pour que les récits et les tableaux que nous avons tracés montrent que des volontés patientes, en dirigeant avec une capacité éprouvée des entreprises souvent difficiles, peuvent en tirer renommée, profit, et honneur pour eux, pour ceux qu'ils occupent, et pour leur pays ; nous désirons aussi que ces récits inspirent l'activité, l'énergie, le dévouement, à des hommes qui ont par une situation officielle, l'obligation de tenter des efforts, toujours louables, pour sauvegarder les intérêts publics. Qu'ils cherchent autour d'eux, qu'ils méditent pour tâcher de reconstituer la prospérité perdue d'une ville, qui jadis était classée parmi les plus commerçantes de la France ; à l'heure présente, c'est un véritable devoir à remplir.

Paris, imp. A. Boin, rue Championnet, 231.

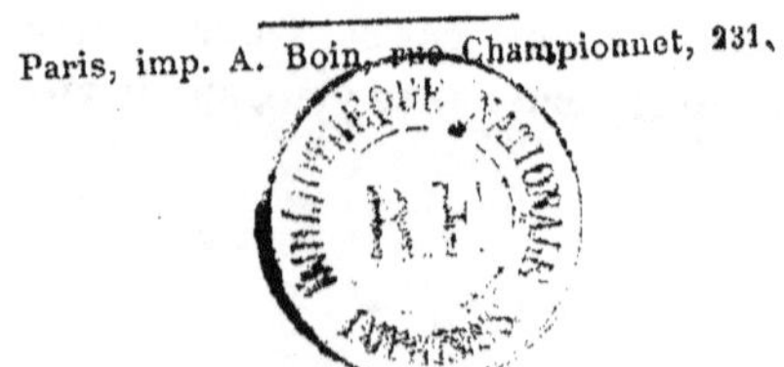

www.ingramcontent.com/pod-product-compliance
Lightning Source LLC
LaVergne TN
LVHW020025170826
845678LV00001B/120
9782329787879